基本公共服务

供给与治理研究

董贝贝 谢 楠 秦 浩 杨雨琪／著

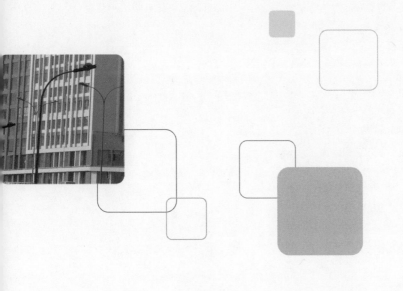

西南财经大学出版社

中国·成都

图书在版编目(CIP)数据

基本公共服务供给与治理研究/董贝贝等著.—成都:西南财经大学
出版社,2023.10
ISBN 978-7-5504-5964-9

Ⅰ.①基… Ⅱ.①董… Ⅲ.①公共服务—研究—中国 Ⅳ.①D669.3

中国国家版本馆 CIP 数据核字(2023)第 200032 号

基本公共服务供给与治理研究

JIBEN GONGGONG FUWU GONGJI YU ZHILI YANJIU

董贝贝 谢 楠 秦 浩 杨雨琪 著

责任编辑:张 岚
责任校对:廖 韧
封面设计:墨创文化
责任印制:朱曼丽

出版发行	西南财经大学出版社(四川省成都市光华村街 55 号)
网 址	http://cbs.swufe.edu.cn
电子邮件	bookcj@swufe.edu.cn
邮政编码	610074
电 话	028-87353785
照 排	四川胜翔数码印务设计有限公司
印 刷	四川五洲彩印有限责任公司
成品尺寸	170mm×240mm
印 张	12
字 数	232 千字
版 次	2023 年 10 月第 1 版
印 次	2023 年 10 月第 1 次印刷
书 号	ISBN 978-7-5504-5964-9
定 价	68.00 元

前　言

　　党的二十大提出"健全基本公共服务体系，提高公共服务水平，增强均衡性和可及性，扎实推进共同富裕"。基本公共服务均等化是国家2035年基本实现社会主义现代化的远景目标之一，提升基本公共服务供给水平，是实现服务型政府转型的必要前提。基本公共服务是一个社会非由政府提供不能有效满足和充分保障的基本福利水准，平等享受基本公共服务是人们的基本权利[①]。2012年《国家基本公共服务体系"十二五"规划》明确提出"基本公共服务指建立在一定社会共识基础上，由政府主导提供的，与经济社会发展水平和阶段相适应，旨在保障全体公民生存和发展基本需求的公共服务"[②]。2023年，国家发展改革委等部门联合印发了《国家基本公共服务标准（2023年版）》，这是自2021年国家基本公共服务标准发布实施以来的首次调整。文件界定了基本公共服务范围，包括幼有所育、学有所教、劳有所得、病有所医、老有所养、住有所居、弱有所扶、优军服务保障和文体服务保障9大方面22个大类[③]。广义的基本公共服务还包括与人民生活环境紧密关联的交通、通信、公用设施、环境保护等领域的公共服务，以及保障安全需要的公共安全、消费安全和国防安全等领域的公共服务。从属性上看，基本公共服务具有经济性、公共性、社会

---

　　① 项继权.基本公共服务均等化：政策目标与制度保障［J］.华中师范大学学报（人文社会科学版），2008，191（1）：2-9.

　　② 国务院.国家基本公共服务体系"十二五"规划［EB/OL］.（2012-07-20）［2023-05-10］.http://www.scio.gov.cn/ztk/xwfb/83/8/Document/1190990/1190990_3.htm.

　　③ 国家发改委，等.国家发展改革委等部门关于印发《国家基本公共服务标准（2023年版）》的通知［EB/OL］.（2023-07-30）［2023-08-23］.https://www.gov.cn/zhengce/zhengceku/202308/content_6897591.htm.

性、公平性和动态性①。

基本公共服务是类型多样、体系复杂、影响广泛的重大民生工程。在我国基本公共服务建设取得不俗成绩和较好进展的基础上，党和国家充分认识到世界正在经历百年未有之大变局，基本公共服务建设面临诸多挑战。我国基本公共服务目前依然存在区域、城乡、群体间的不均衡，基本公共服务供给面临能力不足、资源短缺、普惠性缺失等短板。结合国际国内需求和群众呼声，党和国家将尽力而为、量力而行作为我国基本公共服务发展的基本原则，决定分类型、分层次稳妥有序提升公共服务供给水平，确保基本公共服务水平与经济社会发展水平同步提升。人口老龄化加剧、就业压力持续增大使公共养老服务、公共就业服务的供给成为当下我国基本公共服务发展的重中之重。

本书在系统梳理基本公共服务研究的基础上发现，一方面，基本公共服务部分分支方向的研究已经从不同角度、不同立场、不同切入点进行了内容丰富、体系完备、学理充分的论述，本书难以为读者提供更新的信息；另一方面，囿于作者的研究方向、研究兴趣、时间精力和能力水平等，进行基本公共服务全体系的研究存在一定困难。基于此，本书紧跟时代步伐和国家政策指向，在庞大的基本公共服务体系中选取具有战略性和优先性位置的公共养老服务和公共就业服务分支展开论述，并以公共养老服务和公共就业服务为窗口洞察我国基本公共服务的发展。此外，笔者还进一步选取社区展开实地调研，通过对上海市徐汇区"组团式走访"经验的观察，探究基本公共服务供给在城市社区场域中的具体体现。将理论演化与经验研究相结合，形成"从理论到经验"渐次递进的论证链条，提出提升基本公共服务供给水平的治理对策。

第一，公共养老和公共就业服务水平是我国基本公共服务水平的缩影。积极应对人口老龄化和就业优先均属于国家发展战略，是对当今时代我国人口老龄化速度加快以及经济下行背景下就业压力增大的及时回应。公共养老服务、公共就业服务影响到我国经济发展、民生保障、乡村振兴和共同富裕等目标的实现，其服务能力和服务水平直接关系到亿万劳动者及其家庭的切身利益，是巩固党的群众基础、社会基础，凝聚民心的重大

---

① 孔薇. 中国基本公共服务供给区域差异研究 [D]. 长春: 吉林大学, 2019: 53.

工程，是我国基本公共服务完善的"风向标"。

第二，健全公共养老、公共就业服务体系是我国实现基本公共服务供给均等化的必然要求。构建老年友好型社会、促进高质量充分就业是社会和谐、国家长治久安必不可少的支撑。构建居家与社区、医养与康养相结合的养老和健康服务体系，兼顾老龄事业和产业，是积极应对人口老龄化问题、探索中国特色基本公共服务道路的重要举措。破除劳动力市场中存在的区域分割、行业分割、户籍分割，为劳动力提供职业指导、信息传递、技能培训等公共服务，是我国基本公共服务供给的重要内容。公共养老服务和公共就业服务均等化的实现，对我国实现基本公共服务均等化具有较大的促进作用。

第三，社区公共服务是我国基本公共服务供给的末梢。社区是基本公共服务供给的重要载体，具有为民、便民、安民的作用。民政部对社区公共服务的定位是"以城市街道、居民委员会为依托，依靠社会力量兴办的实行自负盈亏管理的社区型社会福利设施和社会服务网络"①。迄今为止，全国绝大多数的社区都是以社区服务中心为依托来运行社区服务项目的，其中针对养老的社区照料服务项目和针对就业的城市社区就业平台已成为近些年城市社区基本公共服务发展的亮点。深入描述我国城市社区公共服务实践经验是理解我国基本公共服务的重要基础。

基本公共服务的特性决定了政府供给的核心地位。从中西方公共服务供给发展历程来看，公共服务供给呈现出供给主体多元、供给内容丰富以及供给模式多样的趋势。本书立足中国基本公共服务供给的历史，参考借鉴西方公共服务供给发展经验，从公共服务的基本层面，探求我国现有公共服务供给中存在的不足，并提出相应的治理对策。在对新公共服务、公平正义、人口老龄化、公共产品等进行理论分析的基础上，对基本公共服务、公共养老服务、公共就业服务展开历史演变、供给困境和治理对策的全方位分析。

本书的主要内容和章节安排如下：

第一章为基本公共服务概述。本章主要介绍了基本公共服务的范畴体系，具体来说，包括相关概念、理论基础、中西方实践变迁和基本公共服

---

① 郑琳. 非营利组织在社区建设中的角色及功能 [J]. 人民论坛，2012 (5)：38-39.

务的供给四个方面。首先，引出公共服务、基本公共服务和公共服务供给三大概念，接着介绍新公共管理理论、新公共服务理论、福利经济学理论和公平正义理论四大理论。其次，梳理西方和中国基本公共服务的实践变迁。最后，从供给主体、供给方式和供给模式三方面阐释了基本公共服务供给的相关内容。

第二章为公共养老服务供给与治理。首先，在对公共养老服务相关概念进行理论阐释的基础上，梳理了公共养老服务的发展历程，并对我国目前主要的养老模式进行比较分析。其次，从供给主体、供给对象、供给内容、供给方式和资金来源分析公共养老服务供给体系的现状，厘清公共养老服务供给体系发展的主要障碍。再次，借鉴美国、日本和澳大利亚的养老服务供给的经验，为我国养老供给体系发展提供参考。最后，从顶层设计、供给主体关系、服务对象意愿、人才培养模式等方面提出我国公共养老服务供给体系发展的建议。

第三章为公共就业服务供给与治理。公共就业服务是基本公共服务的重要组成部分。我国公共就业服务政策大致经历了计划就业政策阶段、双轨制就业政策阶段、积极就业政策阶段和就业优先政策阶段四个发展阶段，公共就业服务以机构人员设置、职业信息供给、职业与创业为指导，职业培训和岗位开发为主要内容的服务体系，和政府、市场、社会多元参与的供给格局。公共就业服务供给不足、供给主体缺失、供给与需求不匹配、供给不均等是我国公共就业服务供给存在的主要问题。实现公共就业服务高质量供给需要从改善服务供给宏观环境、健全服务供给内容体系和推动服务供给均等化等路径着手。

第四章为城市社区公共服务供给与治理。本章尝试构建一套新型的城市社区服务供需匹配体系，通过对上海市徐汇区社区公共服务"组团式走访"活动的案例研究，从城市社区公共产品需求的积极响应机制、供给决策机制、资源筹措机制和监督机制四个方面，剖析了政府跨部门、跨层级协同供给城市社区公共产品的问题和成功经验，并在此基础上提出了优化城市社区公共服务供给机制的意见和建议。社区公共服务是在政府主导下，由政府、社会组织、市场以及居民共同开展公益性社会服务和便民生活服务的一系列活动，其开展过程也是服务供给与居民需求相互匹配的过程。当前，我国城市社区公共服务供给正处在从数量提升向结构优化转型的阶段，为实现供需匹配创造了现实条件，应以此为契机加强设计，推进城市社区公共服务升级。

本书由四川大学公共管理学院博士研究生董贝贝、谢楠、秦浩和杨雨琪共同撰写，每位作者完成的工作量均等，董贝贝同时负责总纂和定稿。无论在理论还是实践层面，国家基本公共服务均复杂多样，加之作者们能力水平所限，本书还存在一些不足，恳请各位学者和广大读者批评指正。

著者

2023 年 10 月

目　录

第一章 基本公共服务概述

第一节 相关概念

一、公共服务

公共服务（public service）是公共行政的核心理念。公共服务的范围非常广泛，既包括公共设施建设，教育、科技、文化、卫生、体育等公共事业，也包括为社会公众参与社会经济、政治、文化活动等提供保障。公共服务有广义和狭义之分。广义的公共服务是从整个社会层面来说的，指的是政府、非政府组织和私人部门共同履行的为公众提供公共产品和服务的职责；狭义的公共服务是从政府层面来说的，指的是政府所履行的社会管理职能。政府是服务主体，非政府组织、企业和公众都是服务的对象。

古希腊的亚里士多德（Aristotle）指出，"凡是属于最多数人的公共事务常常是最少受人照顾的事务，人们关怀着自己的所有，而忽视公共事务"①。托马斯·霍布斯（Thomas Hobbes）在《利维坦》（Leviathan，全名为"利维坦，或教会国家和市民国家的实质、形式和权力"）中指出，"人们不断处于暴力死亡的恐惧和危险中，生活孤独、贫困、卑污、残忍而短暂"②。这些论述从侧面烘托了公共服务的重要性，即"政府本身就是一件最重要的为个人提供公共服务的公共物品"③。

20世纪初，法国学者莱昂·狄骥（Leon Duguit）最早提出了"公共服务"的概念。他在《公法的变迁：法律与国家》（*Les Transformations du*

---

① 亚里士多德. 政治学 [M]. 吴寿彭，译. 北京：商务印书馆，1983.
② 霍布斯. 利维坦 [M]. 黎思复，黎廷弼，译. 北京：商务印书馆，1985.
③ 吴爱明，沈荣华，王立平，等. 服务型政府职能体系 [M]. 北京：人民出版社，2009.

Droit Public）中提出，"任何实现和促进社会团结、必须由政府加以规范和控制的活动，就是一项公共服务，只要它具有除非通过政府干预，否则便不能得到保障的特征"①。狄骥主张以公共服务来定义国家，并借用了"社会团结"或"社会连带"的概念，将其分为"求同"和"分工"。前者是指共同需要，通过共同的社会生活才能实现个体的目标；后者指不同的意愿和能力，通过分工交换彼此的服务才能满足各自的需要。为了维护这两种连带关系，人们需要经济、道德和法律等各种各样的规范。受时代背景和知识存量的限制，狄骥界定的"公共服务"重视法治的作用，他指出政府是传统公共服务唯一合法的供给主体②。

"公共服务"的概念是"公共物品"概念发展的产物。一方面，公共经济学不断完善，催生出相关概念；另一方面，福利国家促使政府直接提供公共服务和干预经济的发展。

1939 年，理查德·马斯格雷夫（Richard Abel Musgrave）在《公共经济自愿交换论》（"The Voluntary Exchange Theory of Public Economy"）中指出，"一种纯粹的社会物品在生产或供给的关联性上具有不可分割性，一旦提供给社会的成员，在排斥其他成员的消费上就显示出不可能或无效性"③，即公共产品具有"不可分割"的特征。1954 年，保罗·萨缪尔森（Paul A. Samuelson）借鉴了马斯格雷夫的研究成果，并将其研究成果从实证理论转化为规范理论，发表了《公共支出的纯理论》（"The Pure Theory of Public Expenditure"），该文被誉为现代公共产品理论的奠基之作。他强调"每个人对这种特殊产品的消费都不会导致其他人对该产品消费的减少"，即"消费的非竞争性"，并将公共服务归结为三个方面：政府的效率职能、政府的平等职能、政府的稳定职能④。公共产品的不可分割性、非排他性和非竞争性成了公共产品的经典特性，至今依然被沿用。1965 年，詹姆斯·麦基尔·布坎南（James M. Buchanan）批评萨缪尔森的公共物品"两分法"，在《俱乐部的经济理论》（"An Economic Theory of Clubs"）

---

① 狄骥. 公法的变迁：法律与国家 [M]. 郑戈，冷静，译. 辽宁：春风文艺出版社、辽海出版社，1999.

② 蒋牧宸. 地方政府公共服务供给机制改革研究 [D]. 武汉：武汉大学，2014.

③ MUSGRAVE R A. The voluntary exchange theory of public economy [J]. The quarterly journal of economics, 1939, 53（2）：213-237.

④ SAMUELSON P A. The pure theory of public expenditure [J]. The Review of Economics and Statistics, 1954（34）：387-389.

中提出了现实中存在大量的介于纯公共产品和纯私人产品之间的混合产品，并将其归纳为"俱乐部产品"；同时提出了包括成员数与产品数在内的俱乐部均衡，得出了俱乐部成员的最优规模①。布坎南完善了公共产品理论，对后来的公共服务研究产生了深远影响。

在我国，"公共服务"概念与政府职能密切相关。在第九届全国人民代表大会的一次会议上，"公共服务"首次出现在《关于国务院机构改革方案的说明》的文件中，并在第九届全国人大五次会议审议通过的《政府工作报告》中出现，报告提及"经济调节、市场监管、社会管理和公共服务"。随后，各种政府文件多次提出要重视政府的"公共服务"职能、强调建设"服务型政府"的目标。因此，在我国的语境中，"公共服务"一词作为政府的一项重要职能被提出和运用②。

国内学者柏良泽（2008）主张超越经济学公共产品性质的逻辑，综合政治学、法学、经济学、社会学等学科，运用公共管理的逻辑和视角，多角度科学界定公共服务③。陈振明（2011）则对公共服务的概念内涵进行了较为全面的梳理，将已有观点归纳为公共物品、公共利益、公共组织等解释维度④。

二、基本公共服务

基本公共服务是指建立在一定社会共识的基础上，根据一国的经济社会发展阶段和总体水平，为维持本国经济社会的稳定、基本的社会正义和凝聚力，保护个人最基本的生存权和发展权，实现人的全面发展所需要的基本社会条件。基本公共服务本质上是通过保障起点公平、机会公平来保障人民基本的生存权、发展权，这种权利不因种族、宗教、经济或社会情景差异而有高低轻重之分，即在基本公共服务的领域，人人都有平等享有基本公共服务的权利。1948 年的《世界人权宣言》明确提出包括教育、医疗、社会保障等在内的公共服务是每个社会成员应当平等享有的权利。

基本公共服务的重点在于"基本"。"基本"指明了公共服务的最低保

①　BUCHANAN J M. An economic theory of clubs [J]. Economica, 1965, 32 (125)：1-14.

②　马英娟. 公共服务：概念溯源与标准厘定 [J]. 河北大学学报（哲学社会科学版），2013 (2)：75-80.

③　柏良泽."公共服务"界说 [J]. 中国行政管理，2008 (2)：19-22.

④　陈振明. 公共服务导论 [M]. 北京：北京大学出版社，2011.

障范围，即国民的基本生存权和发展权所需的公共服务。基本公共服务包括三个基本点：第一，保障人类的基本生存权或生存的基本需要。为了实现该目标，需要政府和社会为每个个体提供基本就业保障、基本养老保障、基本生活保障等。基本公共服务是市场经济的社会安全网，是保障全体社会成员基本生存权和发展权所必须提供的公共服务，是政府在某一时期向公民普遍提供服务的最小范围和最低标准（国务院发展研究中心课题组，2012）。第二，满足基本尊严或体面、基本能力的需要，需要政府和社会为每个个体提供基本的教育和文化服务。受教育权是公民享有的最基本的权利之一，教育公平是社会公平的重要基础，是实现社会公平"最伟大的工具"。第三，满足基本健康的需要，需要政府和社会为每个个体提供基本的健康保障。健康权是公民的一项基本权利。1964 年，《世界卫生组织宪章》首次提出健康权，指出健康是人全面发展的基础，健康权是公民享有一切权利的基础。随着经济发展水平和人民生活水平的提高，社会的基本公共服务的范围会逐渐扩大，水平也会逐渐提升。

从我国的现实来看，基本公共服务的特征可以界定为基础性、可行性、广泛性和迫切性①。基础性，是指在人类生存和发展过程中不可或缺、存在重要影响甚至起决定性作用；可行性，是指公共服务要与自身的经济发展水平和公共财政能力相适应；广泛性，是指影响全社会每一个个体和组织；迫切性，是指事关公共服务客体的最迫切利益。

2019 年，党的十九届四中全会审议通过的《中共中央关于坚持和完善中国特色社会主义制度、推进国家治理体系和治理能力现代化若干重大问题的决定》明确提出，必须健全国家基本公共服务制度体系，注重加强普惠性、基础性、兜底性民生建设，让广大人民群众享有公平、可及的公共服务；同时强调完善公共服务体系，推进基本公共服务均等化、可及性。2021 年，国务院批复同意了《国家基本公共服务标准（2021 年版）》（以下简称《标准》），由国家发展改革委联合 20 个部门印发。《标准》涵盖了幼有所育、学有所教、劳有所得、病有所医、老有所养、住有所居、弱有所扶"七有"，以及优军服务保障、文化服务保障"两个保障"，共 9 个方面、22 大类、80 个服务项目，它们都属于国家规定的基本公共服务范围。

---

① 蒋牧宸. 地方政府公共服务供给机制改革研究 [D] 武汉：武汉大学，2014.

三、公共服务供给

2022 年 5 月，中共中央办公厅、国务院办公厅印发了《关于推进以县城为重要载体的城镇化建设的意见》（以下简称《意见》），强调必须"强化公共服务供给，增进县城民生福祉"。公共服务供给是指包括政府在内的公共服务供给主体满足社会的公共需要、提供公共产品或服务的过程①。

传统的公共行政理论认为，提供公共服务是政府职能的一个重要体现。因此，政府理应负责提供公共服务。然而，随着理论和实践的发展，公共服务的提供模式也在不断变化。尤其是随着公共选择理论、新公共管理理论和新公共服务理论的出现和发展，公共服务的市场化、私人化已经成为一种比较普遍的现象。在这个过程中，公共服务提供者也发生了变化，企业、非营利组织甚至个人都成为公共服务的直接或间接提供者。需要强调的是，政府在提供公共服务方面的作用和责任一直没有也不应被削弱。伴随着公共服务市场化供给、政府与社会资本合作等模式的出现和发展，政府不应该把提供公共服务的责任转嫁给其他主体，而是要通过制度变革、模式变革和方法探索，继续优化和完善公共服务供给体系，提高公共服务供给的质量和效率。

公共服务供给体系是在特定制度框架下实现公共服务供给活动的总和②。在公共服务供给体系中，主体是政府及其附属组织、公众和其他社会主体，如中央政府、公用事业单位、公民和非营利组织；客体是公共产品或服务，如国防、教育、医疗等；主体之间的关系包括供给与需求、服务与被服务、赠予关系等；制度规则是指由法律、法规和相关政策形成的制度框架。在公共服务供给体系中，主体与主体、主体与客体之间的关系受制度约束。因此，政府向公众提供的社会服务的质量和水平与制度的完备程度密切相关。

---

① 王亮. 日本公共服务供给体系研究［D］. 长春：吉林大学，2021.
② 王亮. 日本公共服务供给体系研究［D］. 长春：吉林大学，2021.

第二节　基本公共服务的相关理论

一、新公共管理理论

20 世纪 60 年代，世界开始出现经济滞胀、环境污染、社会保障弱化、失业等问题。面对这些问题，传统的财政政策出现"失灵"，政府的行政能力受到挑战，改革成为国际社会普遍而迫切的要求。在英国前首相撒切尔夫人和美国前总统里根的推动下，一场来自政府和公共部门内部的改革运动拉开了序幕，并从英、美两国扩大至西方主要发达国家，后又波及许多发展中国家。在新公共管理运动的推动下，西方国家开始重新审视地方政府管理的运动，其核心内容是通过灵活性、透明度、最小政府、去官僚化、权力下放、公共服务市场化和私有化来强化政府的公共服务职能、推进公共服务模式的多元化，从而为社会公众提供优质高效的公共服务。这是从传统公共管理到新公共管理的范式转变。

1991 年，胡德（Christopher Hood）在《一种普适性的公共管理?》（"A Public Management for All Seasons?"）一文中最早提出了"新公共管理"（new public management）的概念。他指出，20 世纪 70 年代中期后，英国和其他经合组织成员国纷纷掀起了政府改革运动，这些改革运动可以被称作新公共管理运动。"新公共管理"的内容可以概括为七个方面："①向职业化管理转变；②明确的绩效标准与衡量指标；③更加重视产出控制；④将公共部门分解成更小的单元；⑤强化公共部门的内部竞争；⑥重视企业式的管理风格；⑦强调资源运用上的克制与节约"①。

1992 年，美国行政学者戴维·奥斯本（David Osborne）和特德·盖布勒（Ted Gaebler）出版了《改革政府：企业家精神如何改革着公共部门》（*Reinventing Government*）一书，进一步推动了公共行政即新公共管理的发展。两位学者在书中提出了政府改革的方向是建立"企业家政府"，其主要内容包括十大原则，"①起催化作用的政府：掌舵而不是划桨；②社区拥有的政府：授权而不是服务；③竞争性政府：把竞争机制注入提供的服

---

① HOOD C. A public management for all seasons? [J]. Public Administration, 1991, 69 (1)：3-19.

务；④有使命感的政府：改变照章办事的组织；⑤讲究效果的政府：按效果而不是按投入拨款；⑥受顾客驱使的政府：满足顾客的需要，而不是官僚政治的需要；⑦有事业心的政府：有收益而不浪费；⑧有预见的政府：预防而不是治疗；⑨分权的政府：从等级制到参与和协作；⑩以市场为导向的政府：通过市场力量进行变革"①。

1995 年，经合组织（OECD）的公共管理年度发展报告《转变中的治理》（"Government in Transition"）把新公共管理的特征归纳为八个方面：①转移权威；②保证绩效、控制和责任制；③发展竞争和选择；④提供灵活性；⑤改善人力资源管理；⑥优化信息技术；⑦改善管制质量；⑧加强中央指导职能②。

2000 年，布鲁金斯学会的唐纳德·凯特尔（Donald F. Kettl）提出全球公共管理改革主要集中在六大核心问题上，包括：第一，政府怎样才能找到从同样的或更小的税基中挤出经费供给更多公共服务？第二，政府怎样才能利用市场型的激励措施去除官僚制机构的弊病？怎样才能用会改变项目管理者行为的市场策略来取代传统官僚体制的指挥——控制机制？第三，政府怎样才能利用市场机制为公民（新公共管理理论中常常被称为"顾客"）提供更多的公共服务选择——或者鼓励服务提供者能够更加关注为顾客更好地服务？第四，政府的工作项目怎样能够得到更多的回应？政府怎样才能更加带动管理人员提供更好的服务？第五，政府怎样才能更好地设计和追踪政策？政府怎样才能在服务供给中实现生产与供给的分离？第六，政府怎样才能将其关注的焦点放在与过程相对应的产出和结果上？政府怎样才能形成结果驱动型系统③？

2001 年，德国学者格诺德·格鲁宁（Gernod Gruning）指出，新公共管理的无可争议的特点至少包括二十种，即"削减预算，凭证，绩效问责，绩效审计，私有化，顾客（一站式服务、个案管理），分权化，战略规划和管理，生产和供应的分离，竞争，绩效评估，改变管理风格，签约外包，自主管理（灵活性），改善审计，人事管理（激励），使用者付费，

---

① 奥斯本，盖布勒. 改革政府：企业家精神如何改革着公共部门 [M]. 周敦仁，译. 上海：上海译文出版社，2006.

② CAPAM. Government in transition [M]. London：Commonwealth Secretariat，1995.

③ KETTL D F. The global public management revolution：a report on the transformation of governance [M]. Brookings：Brookings Institution Press，2000.

政治与行政的分离，改善财务管理、信息技术的更多使用"，同时指出了新公共管理有争议的六大特征，即"法律、预算和支出限制，管辖权的合理化，政策分析和评估，改进监管，行政结构的合理化或精简，民主化和公民参与"①。

国内学者陈振明在《评西方的"新公共管理"范式》一文中将"新公共管理"或"管理主义"的研究纲领或范式特征归纳为八个方面："①强调职业化管理；②明确的绩效标准和绩效评估；③项目预算与战略管理；④提供回应性的服务；⑤公共服务机构的分散化和小型化；⑥竞争机制的引入；⑦采用私人部门的管理方式；⑧管理者与政治家、公众关系的改变"②。

Avijit Biswas（2020）总结了新公共管理的十大原则和七大特征。具体来说，新公共管理的十大原则包括："①通过淡化监管的重要性来强调经济、效率和有效性；②将官僚机构重组为不同的机构；③通过引入准市场体系和合同体系来增加竞争；④减少支出并促进收入增长；⑤转向公共部门的更大竞争；⑥更强调私营部门的管理风格；⑦管理主义意味着管理员的角色转变为经理；⑧增加组织结构、人员和工作条件的灵活性和流动性；⑨更加强调消费主义，公民被视为消费者；⑩通过权力下放过程确保人们的参与"。新公共管理的七大特征包括："①公民赋权；②权力下放；③政府机构或部门的重组；④目标导向；⑤削减成本并促进收入增长；⑥管理支持服务；⑦确保为市民提供更好的服务"③。

新公共管理的基本思想是：第一，借用私营部门的管理方法来提高政府公共部门的效率。该理论认为，公共部门和私营部门之间不存在本质上的差异或不可逾越的鸿沟，这些本质上的相似之处可以使一些私营部门的管理方法如顾客导向、绩效评估、产出控制等应用于公共部门。第二，应利用顾客导向来提高政府部门提供公共服务的反应能力。在新公共管理理论的背景下，政府被看作一个负责任的企业家，而公民则是客户或消费者。因此，政府部门应根据公民的需求提供公共服务。第三，应采用市场

---

① GRUENING G. Origin and theoretical basis of new public management [J]. International Public management Journal, 2001, 4（1）: 1-25.

② 陈振明. 评西方的"新公共管理"范式 [J]. 中国社会科学, 2000（6）: 73-82, 207.

③ BISWAS A. New public management: 10 principles[EB/OL].（2020-09-20）[2023-07-15]. https://schoolofpoliticalscience.com/new-public-management/.

化和私有化的方法来提高公共服务的提供效率。新公共管理理论主张引入市场机制——私有化或公共部门和私营部门之间的公私合作关系，通过这种方式可以实现公私部门之间的竞争，提高公共服务的提供效率。第四，制定产出绩效标准，评估政府公共服务的有效性。新公共管理理论非常重视绩效评估，认为这是私人部门和公共部门的区别，倡导 3E 标准，即经济（economy）、效率（efficiency）、效能（effectiveness），通过绩效标准来科学地考察公共部门的投入和产出的有效性。第五，政府的职能是引导而不是划桨。必须将政府提供公共服务的政策制定职能与行政管理职能分开，提高公共服务的提供效率①。

二、新公共服务理论

新公共服务的概念可追溯到 20 世纪 80 年代末。1989 年，美国学者帕特里夏·英格拉姆（Patricia Ingraham）和戴维·H. 罗森布鲁姆（David H. Rosenbloom）在 "The New Public Personnel and the New Public Service" 一文中首次提出了 "新公共服务"（the new public service）的概念，他们认为新公共服务是一场新型的公共行政运动，是巩固和整合权利、代表性、参与和分权的活动，使公共服务变得合乎宪法和法律的要求②。1999 年，保罗·C. 莱特（Paul C. Light）在《新公共服务》一书中概括了新公共服务的特征，并将新公共服务描述为公务员应备的品质和特征③。21 世纪以前，"新公共服务" 的概念并没有引起学者们的足够关注，其影响范围相对有限。

21 世纪后，美国学者罗伯特·B. 登哈特（Robert B. Denhardt）和珍妮特·V. 登哈特（Janet V. Denhardt）发表了《新公共服务：把民主放在第一位》（ "The New Public Service：Putting Democracy First" ）、《新公共服务：一种改革的途径》（ "The New Public Service：An Approach to Reform" ）、《新公共服务再审视》（ "New Public Service Revisited" ）等文章，出版了《新公共服务：服务，而不是掌舵》（*The New Public Service：*

---

① 徐凯赟. 全面建成小康社会进程中的公共服务供给方式研究 [D]. 北京：中共中央党校，2017.

② INGRAHAM P W, ROSENBLOOM D H, EDLUND C. The new public personnel and the new public service [J]. Public Administration Review, 1989, 49（2）：123.

③ 谭功荣. 西方公共行政学思想与流派 [M]. 北京：北京大学出版社，2008.

Serving, not Steering），将新公共服务理论的研究与实践逐步拓展、深化。登哈特夫妇概括了新公共服务的四大理论来源和七项基本原则，其中四大理论来源包括民主公民权理论、社区与公民社会的理论、组织人本主义和新公共行政理论、后现代公共行政理论；七项基本原则包括"服务，而不是掌舵""公共利益是目标而非副产品""战略地思考，民主地行动""服务于公民，而不是顾客""承认责任并不简单""重视人而不是生产率""超越企业家身份，重视公民权和公共事务"①。新公共服务的七大基本原则具体来说主要包括以下观点：

（1）政府的职能是"服务"而不是"掌舵"

在新公共服务理论视角下，政府在社会的发展中扮演着重要的决策角色，但是社会发展的原因是多方面的，是不同群体和组织的意见和利益的混合，政府不能单方面地"掌舵"。因此，政府应该把重点放在服务上，要与其他组织合作，寻找、发现、解决问题。政府应该充当调解人、中间人或裁判员，而不是服务的供给者或引领者。

（2）公共利益是目标而非副产品

在为社会建立愿景或引领方向的行为中，广泛的公众对话和协商是必不可少的。新公共服务理论认为，政府的作用应该是把人们更多地聚集到一个无拘无束、和谐对话的环境中，就公共利益的方向达成一致。政府也有责任确保这个过程中出现的解决方案是公正和公平的②。公共服务供给必须以公共利益最大化为目标，否则就会失去合法性的基础。因此，公共利益是目标，而不是副产品，要建立共同的利益和共同的责任。

（3）战略地思考，民主地行动

新公共服务理论认为，为了实现集体意识，必须通过集体努力和协作，最有效地、最负责任地贯彻执行符合公共需要的政策和计划。这个计划应该有一个愿景，然后交给公共行政官员去实施，让所有参与方都朝着理想的方向前进。通过制定公民教育方案和培养公民领袖，政府可以激发公民本应有的公民自豪感和公民责任感，支持各种行为者参与制定社会契约。这种自豪感和责任感可以进一步发展为强烈的参与意愿，但重要的是要确保政府的开

---

① 珍妮特·V.登哈特、罗伯特·B.登哈特. 新公共服务：服务，而不是掌舵 [M]. 丁煌，译. 北京：中国人民大学出版社，2010.

② 朱满良，高轩. 从新公共管理到新公共服务：缘起、争辩及启示 [J]. 中共中央党校学报，2010，14（4）：64-67.

放性、可及性和回应性，能为公民提供服务且为其创造机会。

（4）服务于公民，而不是顾客

新公共服务理论主张，公共利益不是个体的自我利益的聚合，而是基于共同价值观的对话。因此，公共行政人员不仅要回应"顾客"的需求，更要注重与公民建立良好的信任和合作关系。政府和公民的关系不同于企业和顾客的关系。顾客和公民的利益并不一致，公民不仅仅是公共服务中的顾客，更是需要积极参与公共服务决策、提供建议的公民。在公共部门，很难确定谁是顾客。在政府中，公平是提供服务的一个重要考虑因素，政府不应该首先或只关心其"顾客"的自私的短期利益。简而言之，政府不仅要提供服务，还必须关注公民的需求和利益。

（5）承认责任并不简单

公共行政人员不仅要关注市场，还要关注宪法法律、社区价值、政治规范、职业标准和公民利益。责任问题极为复杂，公共行政官员已经并且应该受到各种制度和标准等复杂因素的影响，包括公共利益、宪法法令、其他机构、其他各级政府、媒体、职业标准、社区价值观念和价值标准、环境因素、民主规范、公民需求，而且他们应该对这些制度和标准等复杂因素负责。

（6）重视人而不是生产效率

新公共服务理论在管理和组织上非常强调"通过'人'进行管理"的重要性。如果公共组织及其参与的网络在尊重所有人的基础上通过合作和共同领导的方式运作，那么它更有可能取得成功。因此，要培养具有责任心、献身精神和公民意识的公民和公共行政人员。在新公共服务理论家看来，要善待公民，也要善待公共行政人员。

（7）超越企业家身份，重视公民权和公共事务

新公共服务理论主张，公共行政人员不是机构或项目的所有者，政府的所有者是公民。公共行政人员有责任以公共资源的管理者、公共组织的监督者、公民权利和民主对话的促进者、社区参与的催化剂和基层领导等角色进行工作。公共行政管理人员不仅要分享权力，通过人民和中介服务解决公共问题，还必须在治理过程中重新定位自己的角色，成为负责任的参与者，成为重视公民权和公共服务的主体，而不是单纯以营利为目的的企业家。

2015 年，登哈特夫妇又发表了《重新审视新的公共服务》（"The New

Public Service Revisited"）一文，重新审视新公共服务理论的发展现状和研究进展，着力探讨了四大问题：第一，公民参与是否有效？第二，在实践中，公共利益和协同领导的价值是如何体现的？第三，企业化和私人化的市场模式的依赖是否减少了？第四，我们的政府是划桨、掌舵还是服务①？登哈特夫妇指出，新公共服务的概念在2000年首次出现，在过去的15年中新公共服务所倡导的价值观和规范正在实践中发挥作用，大量解决新公共服务提出的关键性问题的重要著作已经发表，推动了新公共服务理论的向前、向外和超越发展。新公共服务理论所提出的民主、公民权、公共利益、公民参与治理、共同领导等理念也日益普及。

国内对新公共服务理论的研究开始于2002年，刘俊生翻译了登哈特夫妇的《新公共服务：服务，而不是掌舵》一文，并将其发表在《中国行政管理》期刊上。这一举动标志着正式将新公共服务理论引入了中国。随后，关于新公共服务理论在国内的研究如雨后春笋，层出不穷。

三、福利经济学理论

随着工业化和城市化进程的推进，社会问题特别是贫困和失业问题日益凸显。经济学家们开始思考如何通过政府干预来解决这些问题。20世纪20年代，英国经济学家托马斯·霍布斯（Thomas Hobbes）和阿瑟·塞西尔·庇古（Arthur Cecil Pigou）创立了研究社会经济福利的一种经济学理论体系，即福利经济学。福利经济学是经济学的重要分支。

"福利"又可称为"社会福利"，是由国家和各种社会团体通过各种公共福利设施、津贴、补助、社会服务以及举办各种集体福利事业来增进群体福利，以提高社会成员生活水平和生活质量的社会保险、社会救助和社会保障。福利经济学旨在根据经济政策对社会的影响来评估经济政策的社会福祉，其重点是资源的优化配置以及商品和服务的分配，以实现社会福利的最大化。

福利经济学经过了旧福利经济学和新福利经济学两个发展阶段。旧福利经济学的代表人物是英国学者庇古。庇古在其代表作《财富与福利》（*Wealth and Welfare*）、《福利经济学》（*The Economics of Welfare*）、《公共财政研究》（*A Study in Public Finance*）等中提出了"经济福利"的概念，并

---

① DENHARDT J V, DENHARDT R B. The new public service revisited ［J］. Public Administration Review，2015，75（5）：664-672.

利用基数效用论，致力于实现国民福利的最大化，提出增加国民收入和收入均等化等观点。这标志着旧福利经济理论的诞生。他在《福利经济学》中第一次系统地论证了整个经济体系实现经济福利最大值的可能性。新福利经济学的代表人物是意大利的学者帕累托，他以序数效用论为工具，用帕累托最优理论、补偿原则、社会福利函数理论等思想观点论证了福利经济的最大化，象征着新福利经济理论的形成。帕累托最优理论认为，如果社会经济福利已经不能在不牺牲其他人的经济福利的条件下得到进一步的增进，这就标志着社会经济福利达到了最大化状态，即帕累托最优化状态。随后，以肯尼思·阿罗、阿马蒂亚·森为代表的后福利经济学家，则以阿罗不可能定理、能力方法等学说观点来重新定义、扩充福利经济学理论的内容，对西方福利经济学理论做出了进一步的丰富和发展。

庇古的福利经济学思想主要有三个方面：第一，效用基数和经济福利。关于福利的概念，庇古把研究的主题限制于能够用货币计量的那部分社会福利——经济福利。所有社会成员的经济福利加起来，便构成了一个国家的经济福利。所以，经济福利与国民收入是对等的。为了计量经济福利，庇古提出了基数效用论。他认为边际效应递减不但适用于商品的边际效用，而且也适用于货币的边际效用。第二，收入的转移或收入均等化。庇古分析了影响经济福利的因素，包括国民收入的大小及国民收入在社会成员中的分配情况，运用了边际效用递减的基本规律，并对收入分配中福利的概念进行了探讨，提出了"收入均等化"理论即最优分配理论。这一学说的基本论点是：如果把富人的收入的一部分转移给穷人，社会的福利就会增大。收入转移的途径就是政府向富人征税，再补贴穷人。庇古认为，如果政府一方面采取征收累进所得税、遗产税之类的措施，另一方面采取一些社会福利措施，将货币收入从富人那里"转移"一些给穷人，则可以增进货币的边际效用，从而使福利总量增加。但是，庇古也指出，在实施收入转移计划时，首先要考虑是否避免了懒惰或浪费的可能性，以确保国民收益的真正增长。庇古认为，不应该施行诸如施舍之类的收入转移。他指出，鼓励工作和补贴存储是最好的方式，在实施补贴计划之前，应先调查受援者的收入能力，然后再考虑是否发放补贴和发放多少补贴。这不仅可以规避补贴的救济性质，还可以鼓励他们就业和增加储蓄。这反过来又可以促进社会福利，有效增加国民收入。他认为，补贴应该是有条件的，例如，引入普遍的养老机制，以每月最低收入为标准对穷人给予普遍的补贴。第三，社会资源的最优配置。庇古认为，国民收入总量的增加就是促进经济福利的主要因素，而要增加国民收入总量，就必须使生产资源在各生产部门中的配置达到最优状态。资源的最优配置之所以重要，是因为转移收入的措施虽然可以缓和贫富之间的矛盾，但如果要彻底解决社会贫困问题，则必须增加社会生产，而社会资源达到最优配置的目的就是为了解决这个问题。庇古认为，在完全竞争的条件下，竞争与资源的自由流动最终会使边际私人净产值等于边际社会净产值，即社会资源配置达到了最优状态。但在现实中，受多种因素影响，边际私人净产值和边际社会净产值往往不相等。因此，庇古主张政府采取适当的政策干预资源的分配。政府采取的经济政策是：对边际私人净产值大于边际社会净产值的部门进行征税，对边际私人净产值小于边际社会净产值的部门进行补贴。庇古认为，这种征税和补贴，将缩小边际私人净产值和边际社会净产值之间的差距，其结果将是经济福利的增加①。

新福利经济理论以帕累托最优理论（pareto optimality）即帕累托效率（pareto efficiency）为主要的讨论内容。其主要观点包括：第一，交换的最优条件。假设在完全竞争的市场经济中，市场失灵是不存在的，且政府干预十分有限，交易双方可以通过交换而让彼此获得最大限度的满足条件。只要使生产和交换都得到满足，就能实现最大化的经济福利。换句话说，如果某项收入、喜好或价格保持不变，交易双方的无差异曲线的边际替代率相等，双方的满足达到最大化，交易就达到帕累托最优状态。如果群体中某个或更多成员的境遇得到了改善，但是其他成员的境遇并没有出现恶化，那么这时的社会福利就出现了增加。第二，生产的最优条件。假定生产是在完全竞争条件下进行的，市场的作用可以完全充分发挥出来，可以使用最有效的方式进行生产要素的配置，继而生产出最有效的产品。例如，对于生产的某种产品来说，产品的价格和边际生产成本是相等的，如果成本高于价格，那么他们必定会降低生产数量；反之，就会扩大生产。对于用来生产两种产品的两种生产资源来说，应保持它们每一组合的边际技术替代率相等，否则可能只能确保一方的利益，而无法确保另一方的利益，这就是帕累托最优理论，可以用此种方法来使社会的生产效率提高进而达到最优的均衡状态，以使社会福利的增加和最大化。第三，交换和生

① 庇古. 福利经济学 [M]. 朱泱，张胜纪，吴良健，译. 北京：商务印书馆，2006.

产的最优条件。经济体生产产品的组合必须反映消费者的偏好。此时，任意两种商品之间的边际替代率必须与任何生产者在这两种商品之间的边际产品转换率相同①。

帕累托最优理论自诞生以来一直是经济领域的一个重要理论，但其假设条件非常苛刻。现实条件和实际政策往往会改善一些人的处境，同时又使另一些人的处境恶化。这种现实使帕累托最优理论无法判断福利的变化和政策产生的影响，其理论适用性受到了很大的约束。为了弥补这一缺陷，一些福利经济学家在比较一项经济政策实施前后的福利状况时提出了补偿原则理论。

补偿原则理论批判了基数效用论，将帕累托最优视为社会福利最大化的状态，提出当一个改变可以使一些人的生活变得更好而另一些人的生活却没有变差时，就意味着出现了帕累托改进。但在竞争的市场条件下，任何经济变革总是会在不同程度上让一些人的处境变差，实现帕累托改进的可能性并不大。尼古拉斯·卡尔多（Nicholas Kaldor）发表了《经济学的福利与个人之间的效用比较》（"Welfare Propositions of Economics and Interpersonal Comparisons of Utility"）一文，指出检验福利的基本准则是"虚拟补偿"（virtual compensation），即政府在制定经济政策时，如果社会整体损失的利益小于得到的利益，就可以通过从受益者那里转移部分收益补偿受损者，从而使社会整体福利增加，经济政策可行②。

希克斯（John R. Hicks）认为，只要社会经济变革以提高效率为导向，并导致效率的提高，国民收入就会增加，只要有足够的时间，所有成员的福利都会增加，只是增加的速度不同、质量不同、顺序不同，而那些遭受损失的人最终会得到补偿。这在实施中有两个关键点：第一，增加国民产出是增加整个社会福利的基础；第二，应特别关注那些在变革过程中可能受到损失的人，并对他们进行补偿，政府的重点应该放在"补偿"方面。公共服务均等化当然是一个非常重要的手段。希克斯也提出了补偿原则。他认为，只要社会变革的目的是提高效率，确保每一项改革都能提升社会

---

① MARCHIONATTI R, GAMBINO E. Pareto and political economy as a science: methodological revolution and analytical advances in economic theory in the 1890s [J]. Journal of Political Economy, 1997, 105 (6): 1322-1348.

② KALDOR N. Welfare propositions of economics and interpersonal comparisons of utility [J]. The Economic Journal, 1939, 49 (195): 549-552.

的生产力，那么国民收入就一定会增加，社会成员的福利也一定会改善。然而，这种受益者对受损者的补偿通常是虚拟的或假想的，因为是否进行补偿不是经济分析本身就能决定和实现的。由于其基本观点与卡尔多的观点非常一致，所以人们通常将他们的观点合称为卡尔多与希克斯补偿原则。另外，提勃尔·西托夫斯基（Tibor Scitovsky）指出，同时采用对卡尔多和希克斯标准的修改才可以说是一种改进。评判福利的标准不仅要考察实现个人收入再分配的前后是好是坏，而且要考察变革后再回到变革前是否都比变革后好或坏。

补偿原则对新福利经济理论的发展起到了积极的作用。但是，它也是不完美或者说不科学的。柏格森认为，帕累托最优理论只关注效率是不够的，不同的收入分配对生产和消费会产生不同的影响。因此，研究社会福利不应该避开收入分配问题，而是更应该把分配问题放在首位，以免脱离价值判断或道德标准。也只有同时解决了公平和效率问题，社会福利才可能最大化。

1938 年，亚伯拉姆·柏格森（Abram Bergson）发表了《针对福利经济学层面的再次论述》（"A Reformulation of Certain Aspects of Welfare Economics"）一文，提出了社会福利函数理论，将社会福利函数作为一种新的排序手段，认为它与帕累托最优理论存在本质上的不同[①]。社会福利函数将社会福利视为个人福利的总和，而个人福利表现为效用水平，因此社会福利是社会中的个人效用水平的叠加函数。社会福利值取决于诸多因素，如收入分配。每个人都会有不同的商品消费类型和数量，在选择效用的偏好和顺序上也会有相应的差异。根据具体的收入分配条件实现福利最大化，意味着安排和组合将影响福利的各类因素，以及个人对各种排列组合的选择。

20 世纪 50 年代，随着阿罗的《社会选择与个人价值》、李普西和兰卡斯特总结前人研究成果提出的"看不见的手"和"次优理论"、阿马蒂亚·森的《集体选择与社会福利》等观点、文章的提出和发表，福利经济理论也随之迈入一个新的发展时期。

第二次世界大战后，肯尼斯·阿罗（Kenneth J. Arrow）出版了《社会选择与个人价值》（Social Choice and Individual Values）一书。他指出，社

---

① BURK A. A reformulation of certain aspects of welfare economics [J]. The Quarterly Journal of Economics, 1938, 52 (2): 310-334.

会福利函数在已知社会成员个体偏好序列的基础上采取相应的程序，归纳各类型的个人偏好次序，使之形成单一化的社会偏好次序，且对最优的社会位置予以了明确。1951 年，阿罗提出了一般可能性定理，这个定理在福利经济理论中被称作"阿罗不可能定理"（arrows impossibility theorem）。阿罗不可能定理对福利经济理论的发展产生了重大的冲击①。

1956 年，经济学家理查德·利普西（Richard Lipsey）和开尔文·兰卡斯特（Kelvin Lancaster）提出次优理论（theory of second best）。他们指出，"如果在一般均衡体系中存在着某些情况，使得帕累托最优的某个条件遭到破坏，那么即使其他所有帕累托最优条件得到满足，结果也未见得是令人满意的。换言之，假设帕累托最优所要求的一系列条件中有某些条件没有得到满足，那么，帕累托最优状态只有在清除了所有这些得不到满足的条件之后才能达到"②。

当阿罗不可能定理和次优理论使新福利经济理论陷入"福利经济理论无用"的悲观困境时，1998 年诺贝尔经济学奖获得者、印度经济学家阿马蒂亚·森却通过批判阿罗不可能定理的各种可能性，质疑以前福利经济理论中以全部生产和消费的商品衡量个人与社会福利水平的做法，并认为这种福利的定义极其狭隘。阿马蒂亚·森提出的"能力"的概念（新福利经济指数）对福利的概念进行了新的阐释。新福利经济指数是在以前福利经济学强调均等化的基础上，结合了经济学与伦理学的方法，提出社会福利的增加不仅是效用的增加，也是个人能力的发展、提高和增加。这一理论受到国际经济学界高度认可。

福利经济学的研究对象是"关于改善世界或国家经济福利的研究"，在功利主义的基础上，社会福利被认为是个人福利的总和，在探索如何实现社会福利最大化的过程中，逐渐阐述了基本公共服务均等化的理论。

四、公平正义理论

1971 年，约翰·罗尔斯（John Bordley Rawls）正式出版了《正义论》（*A Theory of Justice*）。他在批判功利主义和福利经济学的基础上，将契约论上升为一种道德观，提出了基于两个正义原则的公平正义论，即平等自

---

① 阿罗. 社会选择与个人价值 [M]. 丁建峰，译. 上海：格致出版社，2020.

② LIPSEY R G, LANCASTER K. The general theory of second best [J]. The Review of Economic studies, 1956, 24（1）：11-32.

由原则和差别与公平原则。罗尔斯提出了"作为公平的正义"①。正义的主体是社会的基本结构，即社会主要制度，主要指通过政治结构和经济社会安排来分配公民的基本权利和义务的方式，这些安排决定了社会合作中产生的利益和负担的适当划分。社会的基本结构之所以是正义的主体，是因为它深刻影响着人们的未来生活前景。这些生活前景又受到政治体制、经济、社会条件、个人社会地位和天生禀赋等不平等的限制。人们既不可避免，也无法选择这些不平等，又不会为之辩护。正是这些不平等才是社会正义原则的最初对象，或者说，正是这些不平等才是正义需要调节的。

罗尔斯的目的是提出一种理论，进一步概括以洛克、卢梭、康德为代表的社会契约理论，并将其提升到一个更高、更抽象的层次，即"作为公平的正义"。和最初的社会契约理论不同的是，最初的契约目标"不是为了由此进入一个特定的社会或采取一种特定的政治形式，而只是为了接受某些道德原则"。希望促进自身利益的自由和理性的人在最初的平等状态下接受的这些道德原则将确定人们合作的基本条件，并规范所有进一步的契约，包括各种可行的社会合作和政府制度。这种看待正义原则的方式就是"作为公平的正义"。在作为公平的正义中，平等的原初状态并非一种实际的历史状态，而只是一种纯粹的假设状态，用来达到某种确定的正义观，即引出"作为公平的正义"。它的一个基本特征是：任何人不知道他在社会中的地位，不知道他在先天资质、能力、智力、体力等方面的运气，甚至不知道他们特定的善的观念或他们的特殊心理倾向。它的另一个特征是：处在原初状态中的各方都是理性的、对他人利益冷淡的、没有仁爱等道德因素的个人。作为公平的正义原则是人们在无知之幕后的自愿选择，它保证没有人会因为自然和社会的偶然性而从原则的选择中获益或受害，它是自由平等的人们在公平的原始状态下商定并广泛接受的。由此可见，人们在无知之幕后同意选择的原则绝不是与平等互利的社会合作相冲突的功利主义原则，而是具有词义顺序的两项正义原则。它们为社会合作提供了基础。

通过原始状态、无知之幕等概念，罗尔斯提出了两个原则。第一个原则是"每个人对与所有人所拥有的最广泛平等的基本自由体系相容的类似自由体系都应有一种平等的权利，即平等自由原则"。第二个原则是"社

---

① 罗尔斯. 正义论［M］. 何怀宏，何包钢，廖申白，译. 北京：中国社会科学出版社，2006.

会和经济的不平等应这样安排，使它们在与正义的储存原则一致的情况下，适合于最少受惠者的最大利益，即差别原则；且依系于在机会平等条件下职务和地位向所有人开放，即机会的公正平等原则"①。第一个原则适用于权利和义务的分配，用来确定和保证公民的平等自由。第二个原则适用于社会和经济利益的调节分配，用于构建社会和经济平等，罗尔斯坚持每个人都要从社会基本结构所允许的不平等中受益。

第一项原则涉及权利和自由，即它们是由社会基本结构的公开规范确立的权利和自由。一个人是否自由，是由社会主要制度所确立的权利和义务决定的。自由是社会形式的某种样式。公民的基本自由包括政治自由（投票权和被选举担任公职的权利）和言论集会自由、良心自由和思想自由、个人自由和保障自身财产的权利、依法不被任意逮捕和剥夺财产的自由。自由，对于社会经济利益来说具有绝对的重要性，它从不受制于政治交易和社会利益的权衡；自由只能为了自由自身的利益而受到限制，确定自由的权利和减少人们自由的唯一理由只能是这些由制度规定的平等权利。第二项原则要求社会的基本结构有利于所有人的生活前景的改善，从而使每个人的地位相对于最初的平等安排而言都能得到改善。差别原则与效率原则是相容的，正义与效率是一致的。由于正义优先于效率，差别原则的目的不是通过社会结构为那些条件较好的人建立和确保更好的生活前景，而是通过制度安排来改善那些处境较差的人的生活前景。正义的两项原则是按照词义顺序排列的，即自由的首要地位和公平的机会平等优先于差别原则。一个公平正义的制度结构应包括平等的自由、公平的机会平等、最少受惠者的最大受益（差别原则）等。在罗尔斯看来，公平优先于效率。差别原则与福利经济学中的效率原则相对应。福利经济学使用效率原则判断经济社会安排，即是否符合帕累托效率。但罗尔斯认为，"效率原则有许多有效的结构，每种有效的安排都比其他无效的安排好，但任何有效率的安排都不比另一个有效率的安排更好"。为了消除效率原则的不确定性，他引入了差别原则，使那些受益最少的人的期望值最大化，这样，相对于平等的初始安排，每个人的地位都可以得到改善。罗尔斯认为，社会福利只取决于处境最差的人的福利，如果其福利增加而其他人福利保持不变，社会福利就会增加。当最少受惠者的期望值也大幅增加时，

---

① 罗尔斯. 正义论 [M]. 何怀宏，何包钢，廖申白，译. 北京：中国社会科学出版社，2006.

差别原则与效率原则是一致的。在确定最少受惠者时，要选择处于较差条件的代表，如熟练工人。差别原则会带来"平等倾向"，这意味着出身和天赋的不平等应该得到补偿。在这方面，差别原则虽然不等于补偿原则，但试图实现补偿原则的目的。差别原则不是劫富济贫，而是在实现最少受惠者最大利益的基础上，确保实现其他人的基本利益。只要最差的受惠者受益，整个社会就会受益。

立宪民主制中的正义原则的运用有四个阶段的序列：各方在原初状态中选择正义原则、立宪阶段、立法阶段、运用法规。这是一个逐步排除无知之幕、在知识方面所受的限制越来越少的过程。罗尔斯认为，自由的定义问题充其量只具有辅助的作用，重要的是自由的实质问题。实质的自由是制度的某种结构，是规定种种权利和义务的某种公开的规范体系。这些对自由的解释和限制，都显示了自由的优先性，即第一个正义原则对第二个正义原则的优先、平等自由对社会经济利益的优先。自由的优先性意味着自由只有为了自由本身才能被限制。

罗尔斯在此讨论第二个正义原则，说明了一种在现代国家背景下满足它的要求的制度安排，目的在于弄清两个正义原则是怎样被当作评价经济安排、政策及其背景制度的标准的。一方面，一种经济体系塑造、决定公民们的需要、欲求、愿望及合作方式；另一方面，对经济制度的选择又涉及人类善以及有关个人的公正理想。作为公平的正义不受现存的、特殊的需求和利益的制约与限制，而只受正义高于效率、自由高于社会和经济利益的优先权的制约，这为社会经济体系的判断建立了一个阿基米德支点。为了保证作为结果的分配都是正义的，有必要建立一个背景制度，其中有一个由公正的宪法规范的社会基本结构，保证平等的公民自由和公平的机会平等，并且由政府确保社会最低福利。分配份额的正义依赖于要被制定的社会最低受惠值的水平，这又涉及储存和代际正义问题。在此，社会最低受惠值水平不依财富平均值或习惯的期望而定，而由差别原则确定。代际应该是正义的，其正义标准是原初状态中被选择的原则，前代对后代应该承担责任。罗尔斯认为要区分道德应得与合法期望，作为公平的正义尊重的是合法期望的满足，却反对一切利益都应按照道德上的应得来分配的观点。由此可见，对分配份额的这种解释是不同于直觉主义和至善论的。

罗尔斯论证正义论的目的在于考察作为公平的正义是否可行，即要说明作为公平的正义的稳定性和正义与善的一致性。他认为，这首先需要一种综合性的善理论。他将善理论区分为两种：一种是善的弱理论，它用来解释原初状态中人们对于基本善的合理偏爱和选择正义原则的合理性，以此说明正当优先于善；另一种是善的强理论，它从已经确立的正义原则出发来规定和解释道德价值概念和道德善，在此，善的东西乃是由正义原则约束着的人生价值的合理生活计划。它有两个特征：一是它是一项符合合理选择原则（包括有效手段原则、蕴涵原则、较大可能性原则）的生活计划，二是它是人们在充分意识到有关事实并仔细考虑了种种后果之后乐于选择的合理计划。这样的善的定义是纯粹形式的，它尚未涉及目的或人类善。而亚里士多德主义原则（即人们从实现他们的能力的活动中得到享受，并变得乐于选择自己能从事的需要他运用新获得的能力的较复杂的活动，由此得到更大的满足）作为动机原则，说明了人们为什么应将被视为人类善的那些事物看作在合理计划中占据着主要地位和目的的活动并予以选择的原因。罗尔斯指出，善的强理论可以应用于个人的善的定义和对个人道德价值的考察，并肯定自尊的善是最重要的基本善，因为自尊是对自己的价值和能力的自信。为了说明作为合理性的善，罗尔斯比较了正当与善的区别，认为这些区别归根结底表现在正当和正义是否具有优先性上。因而，它们正好体现了契约论与功利主义的区别。

罗尔斯认为，一个组织良好的社会是一个被设计出来发展它的成员们的善并由一个公开的正义观念有效地调节着的社会，它应具有普遍接受的稳定的正义原则和人们形成相应的正义感，其中正义感或道德情感对于保证社会基本结构的正义方面的稳定有着根本的作用。在一个组织良好的社会中，其成员们形成对正义原则的理解和情感的主要步骤或发展过程是：权威的道德—社团的道德—（最高）原则的道德。罗尔斯指出，人的道德态度或道德情感与人的自然态度、自然依恋关系有不可分割的联系。基于这种联系，与道德情感发展的三阶段相适应，存在三条道德心理学法则，它们具有互惠性质，包含着一定的正义观念，形成一定的正义感。而同作为公平的正义相应的正义感与其他正义观相应的正义感相比，在公正系统的稳定性方面更强烈、更有利、更可行。由于人具有这样的自然特性，能获得善的观念和正义感，有对于道德人格的潜在能力，人们应当受到合乎正义原则的对待，这就是平等的自然基础。

罗尔斯在这里讨论了稳定性问题的第二个方面，即作为公平的正义和作为合理的善是否一致的问题。他认为，在一个组织良好的社会中，一个人的合理生活计划支持和肯定了其正义感。首先，一个人行为的自律源于对自己同意的原则的理解和接受，这说明自律与正当和正义判断的客观性具有一致性，一个组织良好的社会肯定、支持、强化着它们。正当和善的一致性又取决于一个组织良好的社会是否能获得共同体的善，而一个组织良好的社会作为诸种社会联合的社会，它所实行的公正制度是所有成员共有的最终目的并被人们看作善。这一社会的正义也调节着嫉妒和怨恨的倾向，支持着人们的平等要求，而且在组织良好的社会中，作为合理性的善和道德心理法则则为自由的优先性发挥作用奠定了基础。罗尔斯进一步认为，幸福是合理生活计划的成功实现。在此，合理生活计划并不是也不存在单一的支配性目的。作为一种选择方法的快乐主义之所以错误，就是因为它把一种恰当的有限目的规定为最高目的，一开始就把正当与善联系起来，否定正当的优先性。虽然没有支配性目的，但是在组织良好的社会中，由于人们都能根据正当观念来表达选择和遵循合理生活计划，因而，不仅人的自我（善观念和正义感）达到了统一，而且人们也形成了关于社会联合的共同理想观念。由此可见，正义与善不是对立的，人们按照正义观点去选择、行动的调节性欲望本身就从属于他们的善，这里不应依赖纯粹良性行为的学说来解释。正义与善的一致正是决定着稳定性、控制不稳定倾向的关键因素。

根据罗尔斯的公平正义理论，社会公平的功能性结构由分配的结果公平、起点公平（机会均等）和过程公平（程序公平）三个要素构成，从这三个功能性要素可以推断出基本公共服务的三大原则，即受益均等原则、主体广泛原则、优惠合理原则。结果公平，即每一成员享受大致相等的基本公共服务，对应于平等自由原则和受益均等原则；起点公平，即全体社会成员享受某种服务具有大致均等的机会，对应于机会均等原则和主体广泛原则；过程公平，即享受额外的照顾和优惠必须有合理合法的理由和程序，对应于差别原则和优惠合理原则[①]。

① 苏明，刘军民，等.转变发展方式背景下的基本公共服务均等化与减贫 [M].北京：中国农业出版社，2011.

第三节　基本公共服务的实践变迁

基本公共服务的实践是一个循序渐进的过程，从社会救济的思想开始萌芽，经历了措施的完善、制度的变革、法律的提出等。

一、西方基本公共服务的实践变迁

西方国家基本公共服务制度与其经济社会的发展历程相适应，经历了逐步完善、不断优化的过程。西方国家基本公共服务大体经历了以下四个阶段。

1. 第一阶段（公共服务萌芽时期，第一次工业革命之前）

古罗马帝国中后期，基督教就显示出了社会救济的思想和行为。中世纪后，教会的相当一部分收入开始用于社会救济。社会救济是公共服务的重要内容，也是现代公共服务的先导性内容。在某种程度上，社会救济可以被看作衡量一个国家公共服务体系的性质和水平的重要标准。在西方文化中，有关社会救济的思想出现得很早，其中一个重要的来源就是宗教尤其是基督教的社会救助思想。

基督教的教义包含很多劝诫施舍、善行、广泛慈善的主张，认为贫困者有权利得到帮助，那些生活富裕的人也有义务帮助穷人。随着教会实力的增强，社会救助的宗教思想逐渐被付诸实践。公元 6 世纪，西方国家出现了济贫代理的机构——修道院。其主教和牧师主要来自宗教团体，他们开展对穷人的社会援助。作为有权强制征税的公共组织，教会从土地、捐赠、遗产、征收费用和其他来源等多方面获取收入，为济贫行为提供长期的、实践的、可靠的物质基础。修道院不仅慷慨地帮助那些上门乞讨的人，还经常自带食物和物品分发给社区里的穷苦人。它还建造医院进行医疗救助，为无家可归者、孤儿、老人和穷人提供住所及其他生活必需品。

1536 年，英国国王亨利八世颁布法律，责成各教区负责供养教区内住满三年且不能工作的贫民；1563 年，英国国会通过法律，规定每户人家应依其财产收入按周纳税以救贫民，此为济贫税（poor rate）的起源；1597年，英国设立了济贫院（workhouse），收容不工作的贫民；1601 年，英国女王伊丽莎白一世命令将以前的各项救济法令编纂成法典颁布，即《1601

济贫法》（*Poor Relief Act*，1601）。① 可见，16 至 17 世纪，西方已经形成了高度发展的贫困救济制度。

教会的这种济贫形式和制度设计成为现代社会中国家社会救助行为的雏形。然而，这种救济行为主要发生在稳定的地方环境中，受惠对象不包括外来者，而且在很大程度上只有在突发事件、疾病、死亡或其他重大灾难发生时才实行救济，教会还不是现代意义上的社会福利机构。

2. 第二阶段（公共服务初创时期，18 世纪 60 年代的第一次工业革命到 20 世纪初的市场经济早期）

第一次工业革命促进了城市的快速发展，但也带来了诸如劳工阶层贫困、环境破坏和疾病流行等众多问题。19 世纪后，工业革命带来的负面影响越来越显现。19 世纪 30 年代，更是出现了霍乱的大规模流行。

面对这些状况，1844 年后，英国一批有识之士开始向社会宣传倡导公共卫生的观念，并且成立了一些机构，如促进清洁协会、改善劳动阶级状况研究会。1844 年 12 月成立了专门宣传卫生健康的城市卫生健康协会，其宗旨是改变人们的公共观念，呼吁为劳工阶层的居住区提供清洁的水，保证其有清洁的空气和充足的阳光，并修建排污系统。1846 年，城市卫生健康协会特地向政府提交了关于修建排污系统的报告；1847 年它又掀起了大规模的公共卫生运动。随后，1848 年，英国议会通过了《公共卫生法案》（*The Public Health Act*，1848），并建立了第一个卫生机构，即英国中央卫生署（The General Board of Health）。1875 年，英国又再次通过了《公共卫生法案》（*The Public Health Act*，1875）。经过几十年的努力，英国终于建立起了全国性的公共卫生体系②。

19 世纪下半叶，西方资本主义国家经历了严重的经济危机，出现了失业严重、贫困加剧、社会矛盾激化、工人运动兴起等一系列的社会问题。迫于压力和维持劳动力再生产的需要，一些国家逐渐建立了劳动保险和社会救济等制度。如：19 世纪 80 年代，德国通过了《工人病保险法》《事故保险法》《养老保险法》三部社会保障方面的法律，建立并实施了社会保障制度。同时，国家开始兴办公共福利事业，改善国民的生活。

---

① 郭义贵. 从济贫法到福利国家：论英国社会立法的进程及其作用与影响 [J]. 华中科技大学学报（人文社会科学版），2002（3）：29-33.

② 胡常萍. 十九世纪中后期英国城市改造的启示：以公共卫生体系建立为中心的考察 [J]. 上海城市管理职业技术学院学报，2008，107（5）：27-29.

3. 第三阶段（公共服务完善时期，20世纪初到20世纪70年代早期）

在资本主义世界经济危机之后，各国对公共服务的需求凸显出来，强调公民教育和健康等权利的福利国家理论开始占据主导地位。20世纪初，英国开始实施人民预算，美国则开始了罗斯福新政，两者都是为了完善公共服务建设，并迈向福利国家。

1909年，英国自由党政府提出了"人民预算案"，这是英国财政制度、政治制度的转折点。英国政府通过福利制度保障广大劳工阶级的基本生活，通过财产税为社会福利筹集款项。这一财政法案有利于促进英国的经济平等和社会公正，有利于福利国家的建立和社会矛盾的缓和①。1929年的经济危机催生了罗斯福新政，罗斯福在新政中推出的公共服务举措具体包括：建立社会保障制度、大规模建设公共基础设施、以再分配为宗旨筹措公共服务资金。

第二次世界大战后，为了调节社会的阶级关系，缓和社会矛盾，实现经济的稳定增长，西方各国普遍加强了政府在收入分配中的作用，通过提高税收加大社会福利分配份额，大力推进公共服务体系建设。1941年，英国经济学家威廉·贝弗里奇（William Beveridge）发表的《社会保险和相关服务》（也称《贝弗里奇报告》，"Report on Social Insurance"），对欧洲的社会保障制度建设产生了重要影响。该报告提出，国家应为每个公民提供失业、退休、生育、伤残等九种保险福利的一整套公共服务。它指引着英国建立了"从摇篮到坟墓"的综合福利制度。20世纪60年代，西方国家基本建立了完善的公共服务体系，在公共财政的支持下，政府公共服务的职能得到了最大限度的发挥。

4. 第四阶段（公共服务改革时期，20世纪70年代后）

20世纪70年代后，西方国家开始陷入经济滞胀危机，经济停滞、失业人数增加、通货膨胀、物价上涨等问题不断涌现。同时，因社会福利的过度提供，政府财政压力持续加大，政府赤字严重。福利国家陷入了公共服务的可持续发展的危机中，面临一系列的挑战。因此，西方国家开始改革公共服务制度，新公共管理运动兴起了，政府部门采取了多种措施和手段，推进公共服务市场化，为公共服务供给开辟了政府购买等新的途径。

20世纪70年代后，西方国家将工作的重心集中到公共服务和公共事

① 郭伟锋，杨和平. 英国政府的"人民预算"探源 [J]. 武夷学院学报，2008，81 (1)：79–82.

业的私有化、市场化，改革的侧重点主要包括教育、医疗等领域。这一阶段最具代表性的改革主要是英国的撒切尔政府、美国的里根政府和其继任政府。英国的撒切尔政府对英国的公共服务进行了改革，具体包括缩减公共服务待遇、鼓励私人保险、推行公共住房私有化、在教育和医疗领域引入市场机制、推行公共事业的私有化。随后，1991 年，梅杰政府发布了《公民宪章》（Citizen Charter），发动了公民宪章运动，以"市场检验"为其核心标志，在公共服务供给领域将公私竞争原则制度化。

美国的里根政府也对美国的公共服务进行了改革，主要包括：①削减公共服务项目；②严控公共服务项目享受资格，严惩冒领欺诈；③控制养老保障支出，包括提高税率、控制增长、延迟领取等；④将部分公共服务职责由联邦政府下放到州和地方政府；⑤将公共事业私有化并鼓励私人部门投资。随后，克林顿政府建立了"以顾客为导向"的管理机构，用企业化经营来改革政府管理，实施绩效管理，大幅度降低行政成本。

20 世纪 90 年代后，西方国家掀起了第二轮政府公共服务改革运动即新公共服务运动。通过对市场化的深刻反思，西方国家认识到，市场化并不等于民营化，市场化、社会化应该是政府与市场、社会组织的密切合作，是它们各自发挥优势的过程。这次改革主要致力于将公共部门、私人部门和第三部门进行协同整合，实现公共服务供应主体的多元化。在公共服务的提供上，政府应该与企业、社会组织进行更广泛、更深刻的合作。

西方国家的公共服务改革是一个动态的过程，公共服务改革已经成为一种常态化而非特例的状态。伴随着政府行政环境、社会发展水平的变化，民众的公共服务诉求也会发生变化。从总体上看，西方国家的政府公共服务模式大致经历了自由资本主义时期的公共服务、国家干预主义时期的公共服务、新公共管理运动时期的公共服务和新公共服务的四个发展阶段。这个发展过程体现了从有限、被动到无限扩展的过渡，与适度、整合、顾客导向以及凸显公民权利、人文主义、民主价值的特征①。

二、中国基本公共服务的实践变迁

新中国成立以来，我国基本公共服务的发展历程可以划分为三个阶段：平均导向时期、差异导向时期和均衡导向时期。

----

① 汪来杰. 西方国家公共服务的变化：轨迹与特征 [J]. 社会主义研究，2007，176（6）：89-92.

1. 平均导向时期（1949—1978 年）

1949 年新中国成立后到 1978 年改革开放之前，我国的基本公共服务呈现出平均导向的特征。新中国成立后，我国实施了计划经济。受这一体制的影响和经济发展水平的制约，我国建立了一个相对简单、平均主义和国家包办的公共服务体系。从总体来看，这一时期的公共服务体系建设速度较慢、水平较低。

该时期的公共服务体系以单位制度、户籍制度和城乡二元结构为基础，以城市的"单位制福利制度"和农村的"集体福利制度"为主。一方面，在城市实施"单位制福利制度"，采取"企业办社会"的公共服务供给模式；另一方面，在农村实施"集体福利制度"，以小学教育、集体养老和合作医疗为主。同时，教育、医疗、文化较其他方面都发生了更显而易见的改变：初步建立了健全的教育体制，儿童入学率大幅度提升；初步建立了医疗卫生制度，我国缺医少药的状况有所改善；文化领域也开始有所发展。

这一时期，我国的总体政策导向是追求平等，体现在基本公共服务领域中即是相对平均地为民众提供公共服务。这一时期，社会贫富差距与新中国成立前相比不断缩小，基本公共服务处于相对平均的均等化状况，社会保障处于"低水平的平均"局面。这主要表现在以下三个方面：城市社会保障呈单位化特征，制度安排具有同一性，国家机关、企业、事业单位职工享有的社会保障相对较平均；农村社会保障建立在农村集体经济基础之上，呈集体化特征，农村居民享有的社会保障较平均；城乡社会保障在社会保险等核心社会保障方面表现出非均等性，在基本生活保障方面表现出相对平均性，与同时期城乡居民的收入水平、消费水平相比，城乡社会保障是基本生活保障上的低水平的平均①。

2. 差异导向时期（1979—2004 年）

1978 年改革开放后到 2004 年，我国的基本公共服务呈现出差异导向的特征。改革开放后，我国的总体政策导向是追求经济发展，以效率为导向，对教育体制、卫生体制、社会保障等领域都进行了较大改革。

1978 年，党的十一届三中全会确立了"以经济建设为中心"的指导思想。但是，这一时期地方政府片面地追求经济增长，社会建设和公共服务

---

① 刘志昌. 基本公共服务均等化的变迁及其逻辑：一个解释框架 [J]. 社会主义研究，2014，215（3）：119-124.

职能被不断弱化。改革开放后各级政府的公共服务支出总量尽管不断增加，但相比于经济建设支出，公共服务支出占总财政支出的比例严重偏低。20世纪八九十年代，中国政府逐步推动了公共服务体系改革，以适应经济体制和行政管理体制改革的双重需要，它具有二元化、社会化、市场化和地方化四个基本特征①。

公共服务体系改革沿袭了传统的城乡二元化思路。在农村，随着家庭联产承包责任制的推行和农村集体经济的解体，传统公共服务体系逐渐瓦解。1992年，中央政府开始建立农村社会养老保险制度。在城市，计划经济时期的公共服务体系一直延续到20世纪90年代初。此后，随着经济体制改革特别是国有企业改革的深入推进，中国政府开始在城市探索建立新型的公共服务体系。1992年，中央首次提出建立与社会主义市场经济体制相适应的社会保障制度。社会保障制度改革的目标从原来的"企业保险"转向"社会保险"。20世纪90年代中后期，国有企业改革带来了大量城市贫困问题，中国政府建立了城镇居民最低生活保障制度。21世纪初，城市已基本建立起包括养老保险、医疗保险、失业保险、工伤保险和生育保险在内的社会保险体系。

这一时期的公共服务体系改革，实现了从单一供给主体到多元供给主体的转变、从国家免费供给到居民付费享受的转变，公共服务的供给效率与服务质量大大提高，从根本上改变了计划经济时期公共服务供给的总体短缺状态。但受城乡二元结构和发展主义意识形态的影响，各级政府的公共服务投入和供给严重不足，大大降低了公共服务的普遍可及性，大部分贫困群体、农村居民、灵活就业人员和转移劳动力处于公共服务供给的边缘化地位，造成了城乡间、区域间、群体间比较显著的公共服务差距②。我国的基本公共服务从"低水平的平均"逐渐拉开差距，走向了"非均等的差异"状态。

3. 均衡导向时期（2005年至今）

2005年的《政府工作报告》明确提出了"建设服务型政府"的要求。2006年，第十届全国人大四次会议通过的"十一五"规划纲要和党的十六

① 郁建兴. 中国的公共服务体系：发展历程、社会政策与体制机制 [J]. 学术月刊，2011，43（3）：5-17.

② 郁建兴. 中国的公共服务体系：发展历程、社会政策与体制机制 [J]. 学术月刊，2011，43（3）：5-17.

届六中全会通过的《中共中央关于构建社会主义和谐社会若干重大问题的决定》，先后将"基本公共服务均等化"作为推动科学发展、促进社会和谐的核心目标提上了政府工作日程。基本公共服务均等化主要涵盖三个意义上的均等：第一，机会均等，保护全体国民平等地享有基本公共服务的公民权利；第二，投入均等，保证全体国民享有水平均等的基本公共服务；第三，结果均等，保证结果大体均等而非绝对平均。2007 年，党的十七大报告进一步强调，要着力协调经济社会发展、保障和改善民生、促进社会公平正义，并对"加快推进以改善民生为重点的社会建设"做了专题论述。2010 年 10 月，党的十七届五中全会通过了《中共中央关于制定国民经济和社会发展第十二个五年规划的建议》，提出"加强社会建设，建立健全基本公共服务体系"，要求保障和改善民生，逐步完善符合国情、比较完整、覆盖城乡、可持续的基本公共服务体系，提高政府保障能力，推进基本公共服务均等化[①]。"十二五"时期，国务院颁布了首部国家基本公共服务体系规划，初步构建覆盖全民、以国家基本公共服务项目及标准为核心的制度体系。2017 年，国务院印发了《"十三五"推进基本公共服务均等化规划》，指出基本公共服务均等化是指全体公民都能公平可及地获得大致均等的基本公共服务，其核心是促进机会均等，重点是保障人民群众得到基本公共服务的机会，而不是简单的平均化。2021 年，《"十四五"公共服务规划》颁布，明确了"十四五"时期公共服务体系建设发展的目标、任务、路径和举措，"健全国家公共服务制度体系"被单独列为一章，提出加快补齐基本公共服务短板，着力增强非基本公共服务弱项，努力提升公共服务质量和水平。

2005 年至今是均衡导向初期，基本公共服务均衡发展的导向已经非常明确，均衡发展理念已贯彻在基本公共服务的发展之中，社会保障等基本公共服务具有均衡发展的特征。目前，中国政府逐步推动了以基本公共服务均等化为目标的公共服务体系建设，旨在通过社会政策体系构建、公共财政体制改革和公共服务供给机制创新，将公共服务投入向农村、欠发达地区和弱势群体倾斜，缩小城乡间、区域间和群体间的公共服务差距，提高公共服务的普遍性、可及性、公平性和均等化水平，并努力平衡公共服务供给的公益与效率目标。

[①] 郁建兴. 中国的公共服务体系：发展历程、社会政策与体制机制 [J]. 学术月刊，2011，43 (3)：5-17.

综上所述，我国基本公共服务均等状况的变迁表现为：1949—1978年，基本公共服务是"低水平的平均"状态；1979—2004年，基本公共服务开始出现差异化发展特征，从"低水平的平均"逐步走向了"非均等"状态；从 2005 年开始，基本公共服务开始出现均衡发展特征，地区差距和城乡差距保持相对稳定并逐步缩小，最终将走向"均等"。从基本公共服务的均等状态来说，是从"低水平的平均"到"非均等"再到"均等"的发展过程，基本公共服务的差距从小到逐步扩大，再到逐步缩小，其演变的轨迹是"平均—非均等—均等"，基本公共服务状况变化曲线呈倒"U"型[①]。

第四节　基本公共服务的供给

基本公共服务的供给一方面应体现政府所追求的公平性和保障性，另一方面，又必须具有市场效率，充分回应民众需求，以持续、有效地实现社会保障和社会公平的目标。

一、供给主体

公共服务的供给主体是指同时供给多人共同享用的，如提供公共设施、环境保护、文化科学教育、医药、卫生、外交、国防等产品和服务的组织或个人，主要包括公共部门、私营部门和第三部门三大主体。

（一）公共部门

公共部门（public sector），是指被国家授予公共权力，并以社会的公共利益为组织目标，管理各项社会公共事务，向全体社会成员提供法定服务的组织。政府是公共部门的最主要成员。

大部分公共产品和服务具有非竞争性和非排他性，市场无法有效提供。市场的性质使市场主体以利益最大化为目标。对获益高、周期短、投资少、风险小的行业，市场主体会蜂拥而至；而对收效低、周期长、投资高、风险大的行业，市场主体则拒于千里之外。基本公共服务属于前期投资高、回报周期长的行业，一旦进入具有巨大的利益空间；如果按照市场

---

　　① 刘志昌. 基本公共服务均等化的变迁及其逻辑：一个解释框架 [J]. 社会主义研究，2014，215（3）：119-124.

规则运行而不加以限制,将会出现随意定价、损害公共利益的现象。因此,在基本公共服务供给领域出现了"市场失灵"的现象。

为解决市场在公共服务供给方面的不足,维护市场秩序的稳定与社会的和谐发展,同时,因其性质决定,公共部门以公共利益的最大化为目标,在提供基本公共服务时具有先天的优势和不可推脱的责任性。政府代表社会公众利益,有责任满足公众对基本公共服务的需求。政府凭借政治权威占有大量的社会资源,与市场相比更容易募集资金,能承担更大风险,在公共服务供给上更有能力确保资金的投入与资源的分配。

然而,政府作为一个非竞争性的公共选择主体,其提供公共服务和公共产品的数量与质量可能与公共需要存在差距,既可能因供给不足而无法满足社会需求,也可能因供给数量过多导致过高的预算支出,还可能因缺少约束导致供给成本超过实际所需成本而造成社会资源的浪费等,即出现"政府失灵"①。

由公共部门单一主体提供基本公共服务存在以下问题:第一,政府在提供基本公共服务的过程中缺乏有效竞争,常导致成本过高、效率低下,出现"用脚投票"约束、"用手投票"约束和地区差异、地方政府行为变异等问题。由于部门利益、市场发育的不成熟、地区发展水平的差异等,政府在公共服务供给的竞争领域常凭借自身权力优势、利用行政手段等方式干预市场竞争,使得其他供给主体处于弱势地位,市场难以有效发挥作用。一方面,政府既是裁判又是运动员,政府手握公共资源,同时又掌控公共资源的配置权力;另一方面,基本公共服务的生产经营过程面临透明度不高、监督不足等问题,其生产成本与生产效益难以量化,这造成了基本公共服务的生产成本过高、生产效益较低,基本公共服务的供给效率不足。第二,政府提供基本公共服务易造成权力寻租等腐败行为。公共服务具有需求相对稳定,受经济周期波动影响较小,具有良好、稳定的回报率等特点。因此,公共服务领域存在着巨大的利润空间,许多利益集团都渴望进入该领域。因此,产生了寻租的空间。第三,政府容易只注重短期利益而忽略长远收益。基本公共服务的供给是一个长期工程,需要政府主体长期不懈地提供和努力。政府如果只注重短期收益,则会导致具有短期效

---

① 尹华,朱明仕.论我国公共服务供给主体多元化协调机制的构建 [J].经济问题探索,2011,348(7):13-17.

益的物品生产过剩，而具有长期效益的物品供给不足①。

在基本公共服务的供给上，公共部门具有重要的作用和不可推卸的责任，但是也具有一定的局限性，不能作为基本公共服务供给的唯一主体。

（二）私营部门

私营部门（private sector），是以营利为目的的市场主体，善于利用市场化标准配置公共资源，并评估公共服务生产和供给的效率②。"政府和市场两大主体，各有其功能优势和劣势，这是在政府权威与市场交换互动历史过程中显现出来的不争事实"③。私营部门往往具有管理成本低、工作效率高、运营灵活、营销活跃等优势。公共服务的非竞争性和非排他性，经常导致"搭便车"现象，利用私营部门提供公共服务，实质上是将公共服务市场化。同时，在公共服务供给中引入私营部门，有利于打破行政垄断，优化资源配置。然而，私营部门也存在"失灵"的情况。市场存在外部性、自然垄断、不确定性、不完全竞争性和排他性、收入分配不公、信息不完全性等问题，而私营部门追求利益的最大化。如果基本公共服务完全由私营部门提供，就可能出现拒绝提供或服务垄断的现象，导致公共服务供给不足或供给过剩等问题。

由私营部门单一主体提供基本公共服务存在以下矛盾：第一，私营部门效益与公共目标的矛盾。私营部门追求效益最大化的本质，决定了它们以利润为行动出发点。"对于较不具经济效益的准公共事务，则取巧规避，只执行较有利润的事项；而不易执行的项目，则仍是交由政府部门完成"④。对政府向私营部门开放的公共服务领域，它们首先愿意进入一些公共性弱、经营性强、营利性高的公共服务领域；而营利性弱的公共服务领域对追求利益最大化的私营部门来说可能意味着经济上的亏损，从而拒绝进入和提供。第二，资源配置效率与社会公正的矛盾。从政府经济学的角度看，无论是公共部门提供的基本公共服务还是私营部门提供的基本公共服务，许多基本公共服务属于公民的必需品，具有消费的"不可拒绝性"。基本公共服务供给主体的变化并不意味着其公益性的改变。在公共服务供

---

① 沃尔夫.市场或政府：权衡两种不完善的选择：兰德公司的一项研究 [M].谢旭，译.北京：中国发展出版社，1994.

② 尹华，朱明仕.论我国公共服务供给主体多元化协调机制的构建 [J].经济问题探索，2011，348（7）：13-17.

③ 宋世明.美国行政改革研究 [M].北京：国家行政学院出版社，1999.

④ 詹中原.民营化政策：公共行政理论与实务之分析 [M].台北：五南图书出版公司，1983.

给主体多元发展进程中，政府将供给公共服务的职能委托给了私营部门，它也就成为私营部门必须履行的一项义务和社会责任。然而，私营部门的性质和目标决定了其行为必然以追求经济利益为准则，难以提供普遍服务的基本公共服务。

（三）第三部门

第三部门（the third sector），即非营利组织，是公共服务供给主体中除公共部门与私营部门之外的第三种主要供给力量。托马斯·沃尔夫（Thomas Wolf）根据组织特征，认为非营利组织具有五大特性：一是具有服务大众的宗旨；二是有不以营利为目的的组织结构；三是有一个限制任何个人利己营私的管理制度；四是本身具有合法免税地位；五是具有可提供给捐赠人减免税权利的合法地位。凡符合这五个特征的组织一般被认为是第三部门[1]。按照美国约翰斯·霍普金斯大学非营利组织比较研究中心的界定，第三部门具有组织性、民间性、非营利性、自治性和志愿性等特征。奥斯本和盖布勒认为第三部门具有以下特征：产生微利或无利润；需要有对他人的同情心和承担义务的意愿；需要广泛而全面的方法；需要对顾客和委托人有完全的信任；需要志愿人员的劳动；需要亲自动手和对人的关心[2]。

在公共服务供给方面，第三部门可以弥补因"政府失灵"和"市场失灵"所造成的供给空白，存在自身的优越性。但是，第三部门因力量较弱、独立性较差、地区发展不均衡、活动资金有限、法律法规不健全等特性，难以独立提供公共服务。

实践证明，政府、私营部门和第三部门在公共服务供给中扮演着不同的角色，发挥着不同的作用。因此，要实现公共服务的有效供给，提升公共服务供给的效率、效益和质量，就需要三者紧密合作，在公共服务领域建立起一种有效的协调机制，在三者不断的合作与竞争中努力寻求多元权力的均衡点，形成公共服务供给的多中心体制及互补机制。

二、供给方式

公共服务供给主体的多元化，使得公共服务供给方式更为丰富复杂，

---

① 沃尔夫. 管理21世纪的非营利组织［M］. 胡春艳，董文琪，译. 北京：商务印书馆，2016.
② 奥斯本，盖布勒. 改革政府：企业家精神如何改革着公共部门［M］. 周敦仁，等，译. 上海：上海译文出版社，2006.

且备受关注。在长期的公共服务实践中，不同国家形成了不同的公共服务供给方式，每个国家在不同历史发展阶段中公共服务的供给方式可能存在差异。

美国学者 E. S. 萨瓦斯（E. S. Savas）根据服务提供和生产的区别，确定了公共服务制度安排的四种基本类型，再按照提供者、生产者和消费者的关系，将这四种类型细分为十种具体形式：政府服务、政府出售、政府间协议、合同承包、特许经营、补助、凭单、市场、志愿服务和自我服务[①]。

（一）政府服务

政府同时扮演了公共服务的提供者和公共服务的生产者的角色。公共服务的提供者指派生产者给消费者，指派消费者给生产者，或选择服务的生产者；公共服务的生产者直接组织生产，或直接向消费者提供服务。政府所属的企业提供的服务也被看作"政府服务"。

（二）政府出售

人们可以从政府机构购买物品和服务。政府和私人企业进行竞争。政府是生产者，个人或组织是安排者。政府出售与政府为其服务强行收费的行为明显不同。它是对消费者直接收费，政府扮演着服务安排者的角色。然而，在政府销售中，消费者是服务的安排者。

（三）政府间协议

政府雇佣其他政府来提供公共服务。服务的责任在不同行政区域之间被重新配置和调整，目的是更好地解决区域问题和应对成本上升问题。这些制度安排就是政府间协议，其中一个政府是服务的生产者，另一个政府则是安排者。以政府间协议作为提供公共服务的方式相当普遍。

（四）合同承包

除政府间协议外，政府还可以和私营企业、非营利组织等签订物品和服务的合同。在这个过程中，私营企业是生产者，政府是安排者，政府向私营企业付费。政府在合同安排中的理想角色是：第一，公共物品和服务需求的识别者；第二，精明的购买者；第三，对所购物品和服务有经验的检查者和评估者；第四，公平税赋的有效征收者；第五，谨慎的支出者，适时、适量对承包商进行支付。政府的合同承包非常普遍，政府购买工业

---

① 萨瓦斯. 民营化与公私部门的伙伴关系 [M]. 周志忍, 译. 北京: 中国人民大学出版社, 2002.

产品、建筑、食品和大多数有形资产等。除此之外，政府还和私人组织签订直接面向公众的"产出"服务合同。同时，政府也为广泛的投入（input）服务签订合同，即其他部门为政府部门提供辅助服务。

公共服务合同承包的一种特殊形式是：政府保留设施和资产的所有权，让私人企业去经营。有趣的是，合同承包可能会出现负价格（negative price），即私人企业向政府支付服务费用来获得从事某项服务的权利。合同承包的有效实施需满足以下要求：第一，明确界定任务；第二，有几个潜在的竞争者，存在或可以创造和保持竞争气氛；第三，政府能够监督承包商的表现；第四，合同的条件和具体要求在合同文本中明确规定，并可以保证。

（五）特许经营

特许经营是另一种提供服务的制度安排。特许经营分为排他性特许经营和非排他性特许经营。排他性特许经营是指政府授予某一私营部门的垄断性特权，允许其在特定领域提供特定服务，通常由政府机构进行价格管制。非排他性特许经营是指政府并没有授予某一私营企业垄断性特权，也没有限制特定领域。在特许经营方式下，政府成为安排者，私营部门成为生产者。特许经营与合同外包方式的区别在于向生产者支付方式的不同，合同外包方式下政府向生产者付费，特许经营方式下消费者向生产者付费。特许经营方式特别适合于可收费物品的提供，如电力、天然气、自来水、污水处理、电信、道路、桥梁和公共交通等。

（六）补助

补助是指政府给予生产者的补贴，以家长式的方式将消费者的选择权限制在接受补贴的生产者范围内。补助的形式可以是资金、免税或其他税收优惠、低息贷款、贷款担保等。补助降低了特定物品的价格，符合资格的消费者可以从市场上那些接受补助的生产者那里购买更多的物品。在补助条件下，生产者是私营组织（营利或非营利），政府和消费者是共同的安排者，政府和消费者都向生产者付费。政府选择特定的生产者提供补贴，消费者选择特定的生产者购买物品。

（七）凭单

凭单是围绕特定项目对特定的消费者群体进行的补贴。

凭单是给予消费者在市场上自由选择受补贴商品的补贴。在补助和凭单的安排中，生产者都是私营企业。在凭单方式下，消费者独自做出选择。凭单安排可以是直接或间接的，凭单安排可以是有上限的也可以是无上限的。在设计凭单制度中应考虑接受者的资格、凭单使用的规则、凭单价值和服务费用之间的关系、费用分摊或减扣的必要条件、个人是否可以在凭单之外进行补充支付，以及支付的性质（直接支出、税收扣除，还是税收补贴）等。

在凭单制下，消费者有很强的动力去理智消费并讨价还价，因为同样的资金可以购买更多的东西。接受补贴者和没有接受补贴者，其消费行为有明显区别。凭单制被用在食品、住房、医疗、运输、儿童保健、教育、老年项目、家庭护理、娱乐文化等方面。凭单制也被用于培训有经验的失业工人①。在司法和环境保护领域，凭单制也有应用。

（八）市场

市场体系是最常见的服务安排形式。它被用来提供最常见的个人物品和可收费物品。消费者安排服务并选择生产者，生产者是私人企业。尽管要确定服务内容并制定安全和其他标准，但政府并没有深入参与交易。市场安排被广泛用于提供一些基本的必需品和服务，如食品、水、电力、住房、健康医疗、教育、运输、退休金等。

（九）志愿服务

志愿服务是指志愿者利用自身的精力、金钱、技能、资源等为社区和社会无偿提供非营利、非职业化的公共服务的援助行为。志愿服务的特征是志愿性、无偿性、公益性和组织性。在志愿服务的安排中，志愿团体承担了服务安排者的角色，或者让雇员直接生产服务，或者雇用私营组织并向其支付费用以购买服务。这些志愿组织可能是现有的，也可能是为某一特定目的而专门创建的。志愿组织最大的优势之一是创新，即能够创造性地迅速确定和满足当地的需求。

（十）自我服务

自我服务是指自我提供服务，以满足自身利益或对某项服务的需要。提供物品的最基本形式是自助或自我服务。作为一个自我服务的单位，家庭是人们在住房、卫生、教育、福利和人力资源等方面最古老和最有效的服务部门，它为其成员提供了广泛的、重要的服务。

---

① BARNOW B. Vouchers and related delivery mechanisms: consumer choice in the provision of public services [R]. Vouchers for Government‑sponsored Targeted Training Programs. Washington, DC (im Druck), 1999.

三、供给模式

供给方式的十种具体形式都是单一的、独立的，但它们也可以联合提供公共服务。具体而言，在提供服务的过程中，可以有效地运用多样化、混合式和局部安排等模式①。

（一）多样化安排（multiple arrangements）

在一个特定的管辖范围内，可以采用多样化的安排方式来提供特定的服务。对同一服务采用多种制度安排并无不妥。相反，最好是鼓励不同的服务生产者之间进行比较和竞争，其效果更佳。简而言之，"冗余（redundancy）是好事"。

（二）混合式安排（hybrid arrangements）

除多样化安排外，还有混合式安排，如从政府获得运营补贴的特许公交线路。补助是混合安排中最常见的辅助形式，可以用来补贴特许经营、自我服务、自由市场和志愿服务等安排。补助的形式可以是直接支付、低息贷款和税收优惠政策等。

（三）局部安排（partial arrangements）

局部安排也被广泛使用。公共服务通常由一系列独立但又相互关联的活动组成，它们可以通过不同的方式提供。作为一个整体，某项服务的提供可以部分由政府、部分由合同承包、部分由凭单和部分由自我服务来提供。

复杂的服务首先可以从操作的角度或功能的角度来划分；其次，也可从功能角度来划分，然后采用局部合同的方式；再次，政府机构可以负责最基本的功能，把会计、法律咨询和交通运输等辅助性服务以合同方式外包；最后，可以仅把政府服务的经营管理权外包。

---

① 萨瓦斯.民营化与公私部门的伙伴关系［M］.周志忍，译.北京：中国人民大学出版社，2002.

第二章　公共养老服务供给与治理

第一节　公共养老服务概念体系

一、公共养老服务理论阐释

（一）人口老龄化的理论阐释

对人口老龄化的理解可追溯到早期农业社会。受科学技术、生产力和医疗条件水平的限制，世界人口长期处于"高出生率、高死亡率、低自然增长率"的状态，抑制了经济水平。直到工业革命后，生产力大力发展改变了这一状态，人类的科学技术、医疗水平和物质生活水平日益提高，使得死亡率大幅下降，人口的预期寿命延长。同时，人类社会开始出现老龄化现象，尤其是生产力和科学技术发展较快的发达国家如美国、日本、英国等，已率先步入老龄化社会。因此，人口老龄化是时代文明进步的标志，也是经济社会发展的产物[①]。

按照联合国定义，当一个国家或地区60岁及以上老年人口占总比重超过10%，或65岁及以上老年人口占总人口比重超过7%，即意味着这个国家或地区处于老龄化社会。新中国成立后，得益于公有制的推行，人们的基本生活得到保证，中国人口死亡率迅速下降[②]。人口老龄化是人口年龄结构逐渐老化的过程，是社会人口变迁的重要标志，经济水平的提高、医疗卫生事业的发展与进步、计划生育政策实施力度的加强，使人口死亡率

[①] 杨菊华, 杜声红. 长期照护保险资金筹措: 现状、困境与对策思考 [J]. 中国卫生政策研究, 2018, 11 (8): 8-14.

[②] 茆长宝, 穆光宗, 武继磊. 少子老龄化背景下全面二孩政策与鼓励生育模拟分析 [J]. 人口与发展, 2018, 24 (4): 56-65, 76.

呈逐年下降趋势。与此同时，教育观念的转变与生育意愿的降低，使我国人口出生率逐年下降。社会环境、经济发展、政策调整等诸多因素共同影响着人口老龄化的进程与趋势。在这种情况下，老龄人口占比持续攀升且居高不下，绝对量爆发式增长，人口结构向老年化过渡。

我国的老龄化研究多是吸收国外的研究成果，再将其用于国内问题的具体分析，主要有健康老龄化、成功老龄化、积极老龄化等方面的研究。

在健康老龄化方面，最早提倡健康老龄化的学者邬沧萍在研究中阐述了健康老龄化的内涵、将健康老龄化战略纳入我国社会发展目标的必要性和在我国实施健康老龄化战略的基本措施[①]。陈小月构建了包含老年人自身健康指标、老年人家庭和物质生活指标、老年人社区指标以及老龄化社会指标四项内容在内的健康老龄化社会评价指标体系[②]。王学义认为健康老龄化是人口老龄化程度加深的结果，他基于健康老龄化理论，围绕老年社会参与、老年人力资源开发、老年教育、老年服务与护理四个典型问题，提出相关的人口老龄化对策[③]。赵晓芳构建了一个中心（健康老龄化）、两个依据（老年人健康状况与意愿）、三种类型（社区、居家、机构）、四个战略支撑（政策、理念、制度、人才）的医养结合养老服务战略框架[④]。

在成功老龄化方面，穆光宗提出老年发展理论，该理论假说的思想是通过各种方式和途径来增强在健康、网络、经济和知识四个方面的资本存量，进而减少老龄化带来的各种风险[⑤]。在之后的研究中，穆光宗又构建了老年生命历程理论，将老年生命历程划分为五个时期：退休过渡期、老年活跃期、失能障碍期、病重卧床期、生命临终期。他认为要实现成功老龄化须从缩短过渡期（适应老化）、延长活跃期（健康老化）、利用活跃期（活跃老化）、应对失能期（尊严老化）、善待临终期（告别老化）等战略

① 邬沧萍，姜向群."健康老龄化"战略刍议 [J].中国社会科学，1996（5）：52-64.
② 陈小月."健康老龄化"社会评价指标的探索 [J].中国人口科学，1998（3）：51-56.
③ 王学义.健康老龄化：人口老龄化的对策 [J].西南民族学院学报：哲学社会科学版，2002，23（12）：131-135.
④ 赵晓芳.健康老龄化背景下"医养结合"养老服务模式研究 [J].兰州学刊，2014（9）：129-136.
⑤ 穆光宗.老年发展论：21世纪成功老龄化战略的基本框架 [J].人口研究，2002，26（6）：29-37.

入手①。还有一些研究人员采用定量研究方法进行探讨。崔淼在Heckhausen成功老龄化毕生控制理论的基础上，在中国社会和文化情境下，对个体控制策略、生活满意度和自尊三个概念以及三者之间的关联进行了系统分析②。王叶梅等阐述了成功老龄化的研究历史、定义、指标，引入Baltes的"老年社会幸福感"模式的经典理论，对其在老年社会幸福感评价中的作用进行了初步探讨③。

在积极老龄化方面，研究主要立足于"成功老龄化"和"健康老龄化"，研究人员对其进行了较为全面的梳理，并对其在养老领域的运用进行了较为深入的探讨。张倩通过对"积极老龄化"进行理论性探究，认为该概念的内涵相较其他老龄化概念理论更加丰富，因为"积极老龄化"并未把老年人视为退出劳动力市场的接受照料的被赡养群体，而是将其定位为拥有主动参与社会的权利主体④。其他相关研究具体涉及长期护理保险等领域，如积极老龄化政策、医养结合"老年友好型城市"建设、老年人自我价值实现等方面。

（二）公共养老服务的理论阐释

公共养老服务中的"公共"二字强调政府责任，即强调是政府通过履行公共管理职能提供养老服务。关于公共养老服务主要有两种观点：一种是从狭义的角度去理解，即养老服务是指为满足老年人的生活需要而提供的服务内容。另一种是从广义上对养老服务进行定义，认为"养老服务是国家和社会以弘扬敬老爱老美德、安定老年人生活、维护老年人健康、丰富老年人健康文化生活为目的而采取的政策措施和提供的设施和服务的统称"⑤。

从相对狭义的角度理解养老服务的研究，虽把养老服务的内涵集中在服务上，但突出了服务的多样性和层次性。如文强认为养老服务的内容可概括为满足老年人经济援助、生活照顾和精神慰藉三方面的需求，具体而言主要包括经济援助服务、心理疏导服务、老年消费服务、法律权益服务

---

① 穆光宗. 成功老龄化：中国老龄治理的战略构想 [J]. 国家行政学院学报, 2015 (3)：55-61.

② 崔淼. 成功老龄化毕生控制理论研究：控制策略、自尊与生活满意度 [D]. 上海：华东师范大学, 2003：35-43.

③ 王叶梅, 陈国鹏, 宋怡. 成功老龄化的SOC模型研究综述 [J]. 心理科学, 2007 (2)：377-379.

④ 张倩. 当代中国"积极老龄化"的伦理探究 [D]. 长沙：湖南师范大学, 2016.

⑤ 曹煜玲. 中国城市养老服务体系研究 [M]. 北京：中国财政经济出版社, 2014.

等内容①。陈英姿、满海霞认为养老服务指为满足老年人特殊生活需求而提供的生活照顾和护理等服务，涉及生活照料、精神慰藉、社会参与等具体内容。要满足老年人的养老需求，必须建立多层次、多支柱的养老服务体系②。

从广义角度理解养老服务的研究通常把养老服务视为一个系统性概念："养老服务体系指为老年人提供服务的各种服务资源有效结合在一起，而形成的有目的性功能的整合有机体，体现服务主体、内容、方式和对象的组合。"③ "养老服务体系是老年人在生活中获得全方位支持的服务系统，不仅包括家庭所能提供的服务，也包括社会、政府提供的关于服务的制度、形式、政策、机构等条件。"④

我国学界主要围绕养老服务需求、养老供给模式、养老服务供给主体及其相互关系展开养老服务的研究。

在养老服务需求方面，重点关注老年人的需求意愿及其影响因素。刘一玲认为，经济支持、生活照料、精神安慰和医学护理是其所需要的四个方面，老年群体的养老需求已从生理性养老逐渐延伸至心理性养老，这种改变对我国城市养老服务制度的发展产生了深远的影响⑤。在缺乏激励政策的情况下，原本的家庭和机构功能会被逐渐削弱。与此同时，政府购买公共服务，并提倡政府和社会组织之间建立公司合作关系的理念，也成为养老服务事业发展的重点⑥。养老服务还要开发和利用健康的低龄老人的人力资源，积极拓展自我保障和自我养老的领域。养老制度的宗旨在于为老年人提供一种能够保证他们的经济利益和福利效益的养老模式，异质性和社会分化等特点不可避免，因此多元化、个性化的养老方式应运而生⑦。

在养老供给模式方面，吕红平将养老服务供给模式分为集中式的社会养老和分散式的家庭养老⑧。还有一些学者将老年人的养老义务划分为家

① 文强. 我国城市多元化养老服务体系建设研究 [D]. 西安：西北大学, 2008.
② 陈英姿, 满海霞. 中国养老公共服务供给研究 [J]. 人口学刊, 2013, 197 (1)：22-26.
③ 王丹. 我国居家养老服务体系构建及运营模式研究 [D]. 昆明：云南大学, 2010.
④ 吕世为. 人口老龄化背景下吉林省养老服务体系研究 [D]. 长春：吉林大学, 2013.
⑤ 刘一玲. 农村老年人养老需求及其影响因素研究 [D]. 桂林：广西师范大学, 2010.
⑥ 王海英, 牟永福. 政府购买居家养老服务的运行困境及破解路径 [J]. 经济研究参考, 2015 (40)：56-59.
⑦ 赵丽宏. 城市居家养老生活照料体系研究 [J]. 学术交流, 2007 (10)：123-125.
⑧ 吕红平, 刘月芳. 职工养老保险：危机与出路 [J]. 市场与人口分析, 1999 (5)：32-35.

庭、个人、社区和政府四种相互独立的模式①。而目前更为主流的分类是根据照料的主体将养老供给划分为家庭养老、居家养老、机构养老②。其中，边恕、黎蔺娴提出需求、监管、供给等是养老服务模式构建的重要因素，提出要基于这些因素来建立服务供给、需求测算以及服务监管等体系，从而给老年人养老带来有力支持③。安体富、任强经过对实际供给水平的测算发现，养老服务需求及其供给结构存在较为明显的偏差，主要体现在区域供给水平和内容结构上；同时，老龄化程度与供给水平同样存在不匹配的状况④。

二、公共养老服务的发展历程

（一）社会养老服务的孕育阶段（1949—1978 年）

新中国成立以来，我国社会养老服务总体上以家庭照料和特殊救助为主，但也呈现出三方面的变化趋势。

首先，国家"包揽"的福利格局弱化，基本的社会保障制度逐渐形成。1951 年，《中华人民共和国劳动保险条例》出台，主要为国有企业和事业单位的人员提供完整的法律保障。1955 年社会福利管理机构的设立、1965 年"五保"制度的建立，使得诸如城乡三无人员等贫困人口得到了国家的帮助。

其次，家庭养老功能逐步弱化，社会养老需求增加。随着社会经济不断发展，出现了越来越多的核心家庭，双职工家庭日益普遍化，人口流动性增强，同时，抚养压力、工作压力、赡养压力三者并举，使得以家庭为载体的传统的自我保障的养老模式变得难以维持。家庭养老成本的上升和难度的增加，使人们开始寻求社会化养老服务。

最后，社会养老服务从单纯的救济性服务模式向福利性服务模式转变。社会福利和社会救助被统称为救济福利事业，其核心任务是救济、教育及劳动改造，将那些流离失所的人员安置在生产教养院。但这一阶段的

---

① 刘军奎. 改革开放以来农村社区家庭养老变迁研究 [D]. 兰州：西北师范大学，2005.
② 刘书鹤，高利平，徐凤民. 计划生育治本之策的探索：潍坊市农村计划生育补充养老保险调查 [J]. 市场与人口分析，2004（5）：33-35.
③ 边恕，黎蔺娴. 积极老龄化视角下的我国多维养老服务体系研究 [J]. 辽宁大学学报（哲学社会科学版），2019，47（2）：83-91.
④ 安体富，任强. 中国省际基本公共服务均等化水平的变化趋势：2000 年至 2010 年 [J]. 财政监督，2012，236（15）：20-23.

福利机构的服务项目和措施普遍都存在着较大的缺陷。

（二）社会养老服务的探索阶段（1979—1999 年）

改革开放以后，我国社会养老服务体系的发展进入了探索阶段。在这一时期，我国的机构养老和社区养老模式逐步发展，养老服务政策开始向社会福利方向过渡。1983 年，全国第八次民政工作会议提出了"社会福利事业国家可以办，社会、团体可以办，工厂、机关可以办，家庭也可以办"的思想，标志着我国的养老服务正朝着一个多元化主体如国家、家庭、社区参与的方向发展。1995 年出台的《中华人民共和国老年人权益保障法》明确指出："地方各级人民政府应当根据当地经济发展水平，逐步增加对老年福利事业的投入，兴办老年福利设施。"这些思想和政策指引着我国养老服务产业的进一步开放化和多元化。在社区养老方面，1986年，民政部开始倡导社区服务。1987 年，城市社区服务工作座谈会进一步明确了我国社区服务的"民政福利性"，社区服务工作在全国范围内正式启动。1999 年，民政部先后在全国 16 个城市 26 个区进行"社区建设实验区"试点。

（三）社会养老服务的发展阶段（2000 年至今）

2000 年以后，由于社会经济发展，家庭结构小型化、妇女的劳动参与、儿童的流动性、家庭观念的转变，家庭在养老方面的作用逐渐减弱。我国养老事业逐渐向多层次、多种类、多元化的社会养老服务体系发展。

第一，构建了覆盖城乡的基本社会保障体系，使老年人的养老及医疗需求得到了切实保障。尤其针对农村地区老年人，2008 年全国老龄工作委员会发布《关于全面推进居家养老服务工作的意见》，旨在提高养老服务的能力，发展家庭和社区护理服务，以补偿被削弱的传统家庭对养老服务的支持。2017 年，《乡村振兴战略规划（2018—2022 年）》提出发展以家庭为基础、社区为支撑、机构为补充的多层次养老体系，重点提高农村医疗保健服务的能力。同时，《关于加强农村留守老人关爱和服务工作的实施意见》出台，加大了对福利机构和设施的投入，使农村留守老年人获得基本的关爱服务。2020 年，《关于推进农村居家养老服务发展的建议》的颁布，推动了农村社区社会养老与医疗服务融合，建立了农村互助幸福之家等互助养老组织。

第二，提供了多种类的养老服务选择。2000 年，中共中央、国务院发布了《关于加强老龄工作的决定》，确立了坚持家庭养老与社会养老相结合、坚持政府引导与社会兴办相结合的老年社会服务体系发展原则，提出了以居家社区养老为基础、机构养老为补充的多种养老模式，以满足老年人的差别化养老意愿。面对巨大的养老供需缺口，政府提出了新的解决方案，主张养老服务私有化。近年来，包括国外公司在内的投资者受到启发，开始涉足中国养老市场。尽管大多数投资尚未形成扩大规模的试点项目，但它们是养老机构私营转型的种子，促使养老机构重新认识老年人护理供给的重要性。

第三，形成多方位的健康支持体系。2014 年，国家发展和改革委员会等部门联合下发《关于加快推进健康与养老服务工程建设的通知》，提出要在 2020 年前初步构建一套覆盖全生命周期的健康服务业体系。2015 年，《关于推进医疗卫生与养老服务相结合指导意见的通知》首次对医养结合进行战略部署。2016 年，《健康中国 2030 规划纲要》提出要推进老年医疗卫生服务体系建设。2017 年，民政部颁布的《养老服务标准体系建设指南》进一步细化了养老服务的标准。

第四，推进了老年宜居环境建设。2014 年，《关于推进城乡养老服务设施建设工作的通知》将养老服务相关设施建设纳入经济社会发展规划、土地利用总体规划和相关城乡规划。2017 年，《智慧健康养老产业发展行动计划（2017—2020 年）》提出建立 100 个以上智慧健康养老应用示范基地。

三、我国主要的养老模式

养老模式指为老年人提供的生活照料、经济保障、精神慰藉三方面的保障方式。研究人员从养老资金来源的视角将养老模式分为国家养老、家庭养老和自我养老[1]，或从服务主体的视角将养老模式分为家庭养老、社会养老、社区居家养老[2]。

（一）国家养老

该模式是由政府制定养老服务政策并实施，核心在于养老服务体系的建设，经费来源包括社会捐赠、政府拨款、公益组织和其他社会力量的资金投入。但国家养老保障体系覆盖面小且保障力度较低，只承担老年人的基本生活需要。随着社会养老问题的日益严峻，还需要更多资源的投入来

---

[1] 孟艳春. 中国养老模式优化探析 [J]. 当代经济管理，2010, 32 (9)：56-58.
[2] 李洪心，李巍. 国内外养老模式研究 [J]. 经济与管理，2012, 26 (12)：18-22.

完善养老保障体系。李洪心等①通过分析欧美国家高福利开支的难题，认为由国家提供较高水平的社会保障很难应对中国当前养老问题的严峻形势。中国是一个发展中国家，具有"未富先老"的特征，社会资源保障力度较低，国家财政资金有限，难以为老龄化人口提供全面、高质量的养老保障。基于养老模式的难点问题，朱俊生②认为政府主导的养老保险同时面临内生性和外源性的双重困境，使中国养老问题陷入困境。

（二）家庭养老

我国受儒家传统的孝文化和"养儿防老"等观念的影响，长期以来，家庭一直承担着养老的主要功能，特别是在农村地区、少数民族地区③。家庭养老是一种由配偶、子女、其他家庭成员或其他亲属提供照料的模式。从居住地来看，家庭养老指的是老人分散居住在家的一种养老方式，"家"主要体现为住房或可以安身的场所，并不强调产权和与家人一同生活等④。从提供照护服务的主体和内容来看，家庭养老将基本的养老负担转化为一种家庭职责，通常情况下一般由家庭成员担负，并向老年人提供养老所需的物质供给、生活照料和精神慰藉等全方位服务⑤。除去物质这一部分，家庭养老更具有心理和社会意义⑥。在养老资金支持方面，主要由家庭或子代提供，城镇老人采用养老金、财产、储蓄等支付，而在农村地区，年轻老年群体通过打工、中高龄老年群体通过种地等方式来获取养老金。

家庭养老是一种适应性很强的养老方式，养老成本相对较低，能够缓解子代家庭养老的压力。另外，对于老年人来说，在自己熟悉的家庭住所、在家庭成员的陪伴下养老有利于身心健康。但这种养老模式也存在一些问题。如照料者大多缺乏专业护理知识，无法为老年人提供全面护理；

---

① 李洪心，李巍. 国内外养老模式研究 [J]. 经济与管理，2012，26（12）：18-22.

② 朱俊生. 养老保险的双重困境与提升自我保障能力 [J]. 黑龙江社会科学，2013，138（3）：68-72，2.

③ 胡湛，彭希哲. 应对中国人口老龄化的治理选择 [J]. 中国社会科学，2018，276（12）：134-155，202.

④ 褚湜婧，王猛，杨胜慧. 典型福利类型下居家养老服务的国际比较及启示 [J]. 人口与经济，2015，211（4）：119-126.

⑤ 李海舰，李文杰，李然. 中国未来养老模式研究：基于时间银行的拓展路径 [J]. 管理世界，2020，36（3）：76-90.

⑥ 石琤. 居家养老概念辨析、热点议题与研究趋势 [J]. 社会保障研究，2018，60（5）：56-63.

政府对家庭养老的政策和资金支持不足，缺乏必要、全面的养老支持体系。由于家庭养老多以家庭为单位，无法实现资源共享，一旦出现问题，容易发生病急乱投医的情况，增加了人力资源成本。此外，现阶段国内大多家庭是一对夫妇需要照顾四个老年人的情况，加之工作和生育等方面的压力，他们容易感到身体和情感上的枯竭，导致家庭养老模式难以适应现在养老的需要。

（三）自我养老

在自我养老模式中，自身是解决养老问题的关键主体。相关学者认为，20 世纪 80 年代末中国农村的养老模式主要以家庭养老为主，但自我养老也占有一定比例。这是因为农村经济发展的主要推动者为青壮年劳动力，他们完全具备自我养老的能力[①]。就目前农村的现状而言，留守老年人依然以自我养老为主，这是在城镇化和老龄化双重作用下农村公共性问题的私人化处理结果。

根据对国家养老、家庭养老和自我养老的探讨，学者的研究重点由国家养老、家庭养老转向自我养老，认为前两者都属于外部依赖型，而现有外部养老资源条件有限，难以在供给与需求之间达到平衡状态[②]。鉴于社会保障有效供给不足、家庭保障持续弱化，作为替代性资源的自我保障是解决上述现实困境的有效路径。自我保障强调个体的主观能动性，对于自我养老资源的积累有积极意义。因此，选择以自我养老为主，国家养老、家庭养老为辅的养老模式符合目前我国的基本国情。

从老年人自身看，生活质量、家庭地位和自我价值都会因为自我养老而提升；从国家战略看，老年群体和社会互动的时间延长，有利于老龄化社会整体发展战略的实现；从社会价值看，老年群体和社会互动的时间延长，有利于老龄化社会整体发展战略的实现。另外，提倡自我养老有助于号召当下中青年群体为其日后养老储备所需的资源，减少养老问题的后顾之忧。

自我养老又可分为金钱养老和劳务养老。

金钱养老的重点在于储蓄的金额，然而低收入老龄化群体的收入相对

---

① 阳义南. 家庭资助计划：完善农村家庭养老功能的政策创新 [J]. 人口与经济, 2005 (1)：44-47.

② 陈芳, 方长春. 从"家庭照料"到"生活自理"：欠发达地区农村老年照料方式研究 [J]. 山西师大学报（社会科学版）, 2013, 40 (4)：48-53.

微薄，无法覆盖所需支出。现阶段金钱养老的困境在于不平衡的收入分配格局造成贫富的两极分化，高收入群体依靠前半生金钱储蓄养老，而低收入群体则对自我养老准备严重不足。显然，由于经济压力，低收入群体无法通过储蓄来实现养老保障。从微观上看，低收入人群及农村地区居民经济资源有限，自我养老能力不足；从宏观上看，中国部分地区经济发展水平较低，居民收入水平也较低。

劳务养老是低收入老龄化群体面对金钱养老困境的现实选择。劳务养老适用群体广泛，任何拥有劳动能力的人都可以参与，这已成为保障低收入老龄化群体生活最直接有效的方式。有学者认为，劳务养老可以实现劳动价值的自我积累，是对低收入老龄化群体更具经济性优势的养老保障措施，可以从多层次上缓解这部分老年人的养老压力。

面对老年人对养老的需求，陈赛权提出自我积累的养老范式，认为社会个体应当追求养老资源存量，在年轻时要积累足够的资源。例如，互助养老促进了由年轻人为老年人提供养老服务向老年人内部互助的逐步转变，减少了养老服务的社会资源投入，促进了养老服务的可持续发展。它又可分为集群式互助养老、结对分组互助养老、时间银行互助养老。集群式互助养老以社区为主要管理者和组织者，为老年人提供活动室，社区工作人员定期组织基于不同主题的活动，老年人可以通过活动找到志同道合的伙伴。2008 年，河北省邯郸市肥乡区首创了老年人"幸福互助之家"①。结对分组互助养老模式主要依靠社区力量，服务于社区独居的老年人，社区工作人员提前录入老年人的基本信息并定期更新，为有需要的老年人提供求助平台。这些信息包括健康状况、服务需求等，并在双方同意的前提下，由老年人与志愿者开展一对一、一对多的服务匹配，如北京市密云区推出了"邻里互助点"老年人照护服务模式②。时间银行互助养老模式鼓励低龄老年人为老年人提供一定时长的非专业服务，按照一定规则记录服务时长，并录入自己的"时间银行"，以换取未来同样的养老服务。上海虹口区建立了第一家互助式老年照护"时间银行"③。

---

① 刘奕，李晓娜. 数字时代我国社区智慧养老模式比较与优化路径研究 [J]. 电子政务，2022，233（5）：112-124.

② 张丽，毕红霞. 基于 SEM 的农村互助养老选择意愿及影响因素分析 [J]. 调研世界，2018，303（12）：44-49.

③ 陈松林，樊婷婷，高丽杰. 时间银行互助养老模式发展问题与对策 [J]. 安徽建筑大学学报，2021，29（6）：88-92.

互助养老对于提高弱势老年人的获得感、幸福感、安全感，改善民生，建设积极老龄社会具有重要的现实意义。目前很多社区的养老服务类型比较单一，而互助养老不仅可以满足老年人各种服务需求，而且使老年人获取服务更加方便。在我国主要的养老模式中，机构养老提供的养老服务最全，成本也最高，只有部分老年人负担得起。互助养老，尤其是"时间银行"模式，在很大程度上减少了经济支出和子女负担。另外，在传统的养老模式下，许多独居老年人长期依靠政府的资助和子女的照顾，会有心理负担。而大多数独居老年人身体都比较健康，精力充沛，退休后有很多空闲时间。互助养老不仅减轻了养老服务的压力，而且有助于提高老年人的自主性，扩大他们的社交圈，丰富他们的退休生活，使他们产生积极的自我评价。但这种养老模式中的互助服务兑现困难，容易出现健康老人单向付出、有"助"无"互"的不平等交换，不适合失能老人。另外，在这种互助养老模式下，养老资源投入少，缺乏可持续性，无法向老年人提供专业性的养老服务，一旦发生重大疾病或死亡，容易给相关老人带来严重的心理影响①。

（四）社区居家养老

社区居家养老是以居家为基础、社区为依托，政府、社会、家庭共同参与，为老年人提供老年护理、医疗保健、精神慰藉、紧急救助等服务的养老模式。社区居家养老是我国传统家庭养老模式的创新与发展，除了由老年人的退休金、存款、社保等支付部分养老费用外，政府及社区提供社区公共养老设施在一定程度上也间接分担了一些费用。除了由子女提供日常物质供给和精神慰藉以外，政府还通过直接生产或委托生产的方式由社区向老年人提供主要的生活照料的社会化服务②。

社区居家养老的使老人不离家便可享受社会化养老服务，避免了集体养老可能存在的一些缺点，同时减少了子代照料强度大的负面影响。该模式在失能老人长期照护中具有较强的实际效用。但是，当前社区居家养老服务还未得到良好发展，存在资源密度较低、整合不足③、多主体协同程

① 刘晓梅，乌晓琳. 农村互助养老的实践经验与政策指向 [J]. 江汉论坛，2018，475 (1)：46-50.

② 王成，丁社教. 政府购买居家养老服务质量评价：多维内涵、指标构建与实例应用 [J]. 人口与经济，2018，229 (4)：12-20.

③ 封铁英，马朵朵. 包容性发展视域下社区居家养老服务资源密度分布与均等化评估 [J]. 西北大学学报（哲学社会科学版），2020，50 (4)：108-119.

度不高、多功能配置不完备等问题，而社会化服务收费较高，也不利于在农村地区推广。

（五）社会养老

社会养老指的是机构养老。机构养老以社会机构为养老地点，养老地点包括养老院、养老公寓等①。采用此种模式的主要为生活困难的孤寡老人，或子女没有时间照顾但又需要照顾的老年人。养老机构的工作人员将这些老年人集中起来进行统一照护，满足了其生理上和心理上的需求②。从资金支持上来看，政府对养老机构特别是民办机构补贴了部分养老费用，而床位费、护理费和餐饮费则由老年人及其子女承担③。

机构养老模式减轻了子女的照顾压力特别是精神上的压力。福利性养老院在一定程度上救济了很多需要帮助的老年人。集中照料有利于加强老人与同辈群体的交流，有利于老年人保持身心健康；对于失能老人而言，这种养老方式更是刚需，但这又恰恰是目前各大养老机构忽视的。另外，养老机构主要集中在为老人提供"养"的服务，而无法及时发挥"护""医""送"等其他功能，老人的医疗康复护理和精神文化等需求难以得到满足。在养老机构中，老年人受到身体的约束，容易对其身体、心理及社会适应能力等方面产生严重影响④。福利性养老院由于经费不足，医疗设施、居住环境等硬件条件较差，服务人员的专业水平普遍较低，难以满足老年人的需求。

第二节　公共养老服务供给体系现状与问题分析

一、公共养老服务供给体系现状

（一）公共养老服务供给主体现状

《第七次全国人口普查公报》的数据显示，我国 60 岁及以上人口约有

① 张文娟，魏蒙. 城市老年人的机构养老意愿及影响因素研究：以北京市西城区为例 [J]. 人口与经济，2014，207（6）：22-34.

② 景楠. "望闻问切"把脉养老机构健康发展 [J]. 人民论坛，2020，667（Z2）：82-83.

③ 钟仁耀，孙昕. 公建民营养老机构发展的目标定位研究：以上海市为例 [J]. 社会工作，2020，291（6）：33-40+ 109.

④ 俞纤，张晓芹，陈杨，等. 对养老机构老年人实施身体约束的伦理思考 [J]. 中国医学伦理学，2021，34（7）：866-871.

2.64 亿人，其中 65 岁及以上人口约有 1.9 亿人，占总人口比重的 13.5%，高于 9.3% 的世界平均水平①。《中国人口展望》预计，到 2033 年，我国 60 岁老龄人口数量将达 3 亿，占总人口的 21%；到 2040 年，老年人口将增加到 3.74 亿，占总人口的 24.48%。在我国 23 个开展长期护理保险试点的城市中，4.8% 的老年人处于重度失能的状态，7% 的老年人处于中度失能的状态，25% 的老年人需要得到全方位的照料②。在未富先老的背景下，仅依靠家庭形式的养老供给难以满足老年人的养老服务需求，社会养老总体形势严峻。

面对这样的现状，政府应担负起更多的责任。新中国成立以来，国家养老服务供给经历了"按所有制供给—按职业供给—制度全覆盖—全民全覆盖"的发展历程，逐渐实现了从覆盖特殊人群到覆盖全体人民，政府供给主体的地位逐渐增强。除了养老保险、医疗保险以外，政府还发放高龄津贴、遗属补助等资金，鼓励家庭、企业等其他养老主体积极参与养老服务供给。相较于政府，在提供养老服务的时候，市场可以以一种更为灵活多变的形式为老年人提供更加高层次和差异化的服务，从而弥补政府提供服务的空缺。现在，养老机构的种类不断增加，除养老院以外，还涌现出了日间照护中心、度假旅游疗养院、养老社区、短期托养站等机构。在政府的鼓励下，近年来医养结合型养老机构和家庭化小型化养老机构的数量快速增长，为老年人提供了更加专业化、规范化、技术化的长期照护，其服务领域向医疗康复、医疗护理、心理健康扩展，开发了老年教育、旅游、产品租赁等细分市场以及日用品、营养保健品、智能可穿戴设备等老年用品。尽管现阶段市场作为养老服务供给主体的作用不断加强，但我国养老机构的床位不足以覆盖每位老年人，护理人员无论从质量上还是数量上都还没有满足社会发展的需要。

从组织结构和经费来源看，我国的社会组织具有半行政化特点，由于长期依赖政府部门，缺乏自主性、独立性和自治性。我国长期以来具有国家本位传统，社会组织较难以实现自治③。在这种情况下，我国的社会组

---

① 国家统计局. 第七次全国人口普查主要数据情况 [DB/OL]. (2023-02-03) [2023-05-05]. http://www.stats.gov.cn/sj/zxfb/202302/t202302 03_1901080. html.

② 中国保险行业协会，中国社会科学院人口与劳动经济研究所. 2018—2019 中国长期护理调研报告 [DB/OL]. (2022-07-06) [2023-05-05]. http://www.iachina.cn/art/2020/7/6/art_22_104560. html.

③ 贾西津. 第三次改革：中国非营利部门战略研究 [M]. 北京：清华大学出版社，2005.

织很难真正成为养老服务的供给主体，只能作为政府与家庭和企业之间的桥梁，对提供养老服务的人员进行职业技能培训，开展老年人公益援助项目，以志愿服务与互助养老等模式缓解政府和家庭的经济压力。

（二）公共养老服务供给对象现状

中国老年人群体具有总量大且个体差异明显的特征。这首先表现在城乡地区老龄化程度差异上。据第七次人口普查数据，城镇人口为 9.01 亿人，乡村人口有 5.10 亿人，其中 60 岁及以上老年人口中城镇人口占 54%，乡村老年人占比 46%，但乡村老龄化程度为 23.8%，比城镇高 6.6 个百分点，可见农村地区老龄化程度要高于城镇地区①。

除了户籍制度带来的城乡差异，我国的老年人群体也在发生着变化，从以新中国成立后出生的"50 后"为主向以 20 世纪 60 年代婴儿潮一代为主转变。而老年人的教育水平、健康状况、家庭收入的差异随着社会的发展进一步加大。《中国统计年鉴》数据显示，2020 年我国平均预期寿命为 77.93 岁，其中，男性为 75.37 岁，女性为 80.88 岁②。

我国有近八成的老年人患有慢性疾病，大致有 1.9 亿人。另外，重度失能的老年人达到了 4000 万，中度失能的老年人占比 7%。从居住情况来看，我国目前有 65.5% 的老年人独自居住，与子女同住的比例有所降低。即使是 80 岁及以上的高龄群体，独立居住占比仍高达 48%，我国"空巢老人"人数已突破 1 亿。

老年人的收入状况对购买养老服务资源产生直接影响。长期以来城乡老年人收入处于稳步增长状态，两者的差距不断缩小，但应当注意的是，老年人收入主要依赖保障性收入，城市老年人收入的 80% 都为保障性收入，而农村老年人的保障性收入仅为 36%，这是农村老年人收入较低的主要原因。

（三）公共养老服务供给内容现状

2001 年，《中国老龄事业发展"十五"计划纲要（2001—2005）》提出了经济供养、照料服务、精神文化服务、权益保障、社会参与、医疗保健六大类养老服务供给内容，之后的研究在此基础上把养老服务扩充至物

① 国家统计局. 第七次全国人口普查主要数据情况[DB/OL]. (2023-02-03) [2023-05-05]. http://www.stats.gov.cn/sj/zxfb/202302/t202302 03_1901080.html.

② 国家统计局. 中国统计年鉴[DB/OL]. (2023-05-05) [2023-06-07]. http://www.stats.gov. cn/sj/ndsj/2022/indexch.htm.

质生活保障服务、文化娱乐活动服务、基本权益保障服务、老年婚姻服务、住房调换服务、医疗保健护理服务、家庭事务料理服务、老有所为指导服务等方面。综合来看，养老服务供给内容可分为生活照料、医疗健康、文化娱乐、精神慰藉和信息咨询五大类。物质生活困难是老年人面临的主要难题，老年人的收入主要来源于养老金和最低困难金，养老服务供给体系不健全，无法满足老年人的医疗护理需求，供需缺口较大，存在就医困难的情况。

家庭作为我国主要的养老供给主体，主要承担生活照护类和精神慰藉类的服务供给。《中华人民共和国老年人权益保障法》（以下简称《老年人权益保障法》）以法律的形式进一步明确了家庭为老年人提供养老服务的责任："赡养人应当履行对老年人经济上供养、生活上照料、精神上慰藉的义务"①。政府主要承担的是老年人的医疗健康服务，如对特殊老年人提供生活照护等。《老年人权益保障法》也明确了国家通过基本养老保险制度保障老年人的基本生活，对经济困难的老年人给予基本生活、医疗、居住等救助。除了这些必要的服务，《老年人权益保障法》还规定了要开展适宜于老年人的群众性文化、娱乐活动，并鼓励老年人在自愿和量力的情况下从事社会活动。市场作为新兴的供给主体，主要弥补的是家庭和政府的不足，提供更为全面、充足和高质量的养老服务，如民办养老机构未来可能是机构养老的主力军。

当前，我国的养老服务主体多为家庭，在生活照护和精神慰藉方面的供给较为充分，但缺乏专业性。由于政府的投入不断加大，老年人在医疗健康方面的经济负担逐渐降低，但公立医疗资源的规模难以满足老年人的需求。

（四）公共养老服务供给方式现状

从供给主体来看，家庭的养老供给是无偿供给，家人对老年人负有照顾的义务与责任，这既与中国"孝"文化的传统相一致，又与当今国家法律体系的构建相一致。在面对不同条件的老年人时，政府可为他们提供不同的供给方式。对经济困难的老年人特别是孤寡老人，要实行全部的无偿供给。而对具有一定经济基础的老年群体，则采取补贴、有偿购买等方式，通过养老保险、医疗保险降低老年人的经济负担，以公办机构养老、

---

① 中华人民共和国老年人权益保障法［N］．人民日报，2013-01-21（16）．

社区养老等方式提升养老服务质量。市场所提供的供给形式是有偿购买，利用市场机制服务于老年人的生活和工作。考虑到目前老年人的生活和工作状况，在保障足够利益的同时，市场也会逐步地将重心放在能带来更高利润的个人的服务上。

从供给对象来看，个人特征对于老年人的照护模式的选择有着重要的影响。当前，许多关于老年人养老意愿的研究发现，与城市老年人相比，农村老年人对无偿提供的生活照料和医疗卫生的需求更为强烈。此外，身体状态越好的老年人越倾向于以家庭为单位，购买养老服务的意愿越低。具有较高文化程度老年人倾向于机构养老等市场化的养老方式。空巢老年人购买养老服务的意愿更大。家庭收入越高，家庭成员或老年人自身越愿意获取更多的护理服务[1][2]。

（五）公共养老服务资金来源现状

从供给主体来看，当前我国的养老服务供给主体还未形成合力，政府、家庭和市场是主要的供给主体，而社会组织的作用相对较小。但是，政府的财政压力大、家庭养老作用弱化、市场产业发展不健全，这些都制约着三方力量的协同。在这种情况下，我国社会保障体系中的养老基金的供给也出现了一些结构上的问题，具体表现为"三支柱"的失衡。在我国，由于社会捐助的比重较小，难以准确地区分出个人储蓄和家庭援助，更倾向于将"三支柱"作为"五支柱"的基础。截至 2021 年末，我国的基本养老保险基金有 6.4 万亿元，占总体的 45.8%；事业单位发起的企业年金和职业年金有 4.4 万亿元，占总体的 31.5%；以个人为主的储蓄型养老保险和商业养老保险有 1 600 亿元，占总体的 1.2%。全国社保基金可视为第一支柱的补充，占比 21.5%，与基本养老保险占我国养老总规模的三分之二[3]。

从供给对象来看，中国的养老保障体系存在着"单一化"现象。根据第四次城乡老年人生活状况调查报告统计，城市老年人的人均年收入是

① 阳旭东. 西部民族地区农村养老服务的行为逻辑与实践探索：基于贵州黔东南 M 村养老院的个案研究 [J]. 青海民族研究, 2019, 30（1）：118-123.

② 孙兰英, 苏长好, 杜青英. 农村老年人养老决策行为影响因素研究 [J]. 人口与发展, 2019, 25（6）：107-116.

③ 中华人民共和国人力资源和社会保障部. 2021 年度人力资源和社会保障事业发展统计公报 [EB/OL].（2022-06-21）[2023-05-04]. http://www.mohrss.gov.cn/SYrlzyhshbzb/zwgk/szrs/tjgb/202206/W020220607572932236389.pdf.

2.4 万元，而农村老年人的人均年收入是 0.8 万元，农村老年人仅是城市老年人人均年收入的三分之一。由于农村老年人自身的保障性收入比较少，因此他们更多需要通过劳动创造收入，养老资金来源不固定使农村老年人因老致贫、因病致贫现象尤为突出。而贫困老年人的资金来源则以政府提供的经济补助和社会养老保险中的退休金为主。农村最低生活保障的平均标准为每人每年 5 335.5 元，城市最低生活保障的平均标准为每人每年 7 488 元。城乡居民基本养老保险最低标准为每人每年 1 056 元，尽管各地在上述标准上存在较大的差异，但从整体上来看，贫困老年人收入的渠道相对单一，而且金额也比较小①。

二、公共养老服务供给体系发展的主要障碍分析

（一）制度障碍

我国正处于人口老龄化加速的阶段，但养老市场仍存在较大的供需缺口，其根本原因是顶层制度设计不到位。目前我国公共养老服务体系处于碎片化建设状态，公共养老服务机构和社区建设缺乏统筹规划，布局不当，各地区发展不平衡。财政、卫生、民政等部门只根据自身职能和利益发布政策，发布的大多也是宏观上的政策，缺乏可操作性，运行机制的不完善和行业监管的缺失必然导致政策实施的效果不佳。

公共养老服务供给体系缺乏顶层设计，导致区域之间存在制度差异。这在不同区域对待同一制度的不同态度上有所体现。例如，北京市养老服务建设补贴水平为 16 000 元/张（床位），而在一些经济水平比较低的地区，养老服务建设补贴水平为 1 000 元/张（床位）；同样，在老年人补贴方面，不同地区老年人每月的价格补贴为 50 元到 900 元②。在这样的背景下，重点试点项目大多在经济发达的城市开展，如北京、上海、天津、深圳等。而一些欠发达的地区没有足够的财政资源为投资者提供具有吸引力的激励政策来建设当地的养老市场。缺乏中央政府的财政支持，对投资者的过度补贴也会给地方政府带来更多的负担，引发了不平等和人口流动等新的问题。

---

① 党俊武，魏彦彦，刘妮娜. 中国城乡老年人生活状况调查报告（2018）[M]. 北京：社会科学文献出版社，2018.

② LI F, OTANI J. Financing elderly people's long-term care needs: evidence from China [J]. International Journal of Health Planning and Management, 2018, 33 (10): 479-488.

目前，我国养老服务供给主体主要是家庭、政府、市场、社会组织。市场的充分发展和社会组织的参与不仅可以减轻家庭和政府的负担，还可以为老年人带来更多的福利，而市场的发展少不了资金的支持。近年来，虽然有极少数企业、社会组织和个人慈善机构投资养老服务，但仅局限于养老社区的初期建设，后续运营操作仍需大量资金维持。同时，大多数养老机构尤其是民营养老服务机构没有足够的养老金支持，导致在实际运行中带来了一系列问题，如护理人员工资低、工作积极性差、服务质量差。单一的资金来源也制约了养老服务的发展，只有积极扩大资金来源，建立政府财政和社会资本的持续投资体系，才能保证社会养老服务的有效供给。

养老服务供给体系制度顶层设计不到位还表现为监管制度不健全。政府在养老服务供给体系中扮演着重要角色，通过 PPP、公办民营、公建民营等方式来减轻财政压力，推动养老服务产业发展，但目前尚无明确法律法规对相关行为进行指导和规范。在现有养老服务供给体系的监管中，政府不仅是监管政策的制定者，也是监管方案的执行者，而政府、个人、社会组织、企业作为养老服务的供给主体，在供给过程中都会尽可能地减少自身的供应成本，从而获取经济效益和社会效益。在此背景下，个人或市场的利益势必受到损害，严重时还可能发生政府公信力失范事件。

另外，老年人的知识与经验是宝贵的社会财富，合理提升老年人再就业率能实现人力资源价值再创造。虽然一些国家如日本、韩国已经实施了老年人就业相关的政策，但大多数国家的政府和企业对老年人就业仍有一些偏见和误解，对老年人工作的保障政策还不完善，企业对老年人回归工作岗位的接受程度普遍偏低，而家庭的态度、朋友的意见以及老年人自身的情况都会影响他们的选择。

(二) 社会障碍

从供给主体来看，家庭劳动力难以平衡照顾老年人与从事劳动生产之间的关系。中国人均 GDP 明显低于美国、日本和韩国。2014 年美国人口中度老龄化，人均 GDP 为 5.1 万元；1995 年日本人口中度老龄化，人均 GDP 为 4.3 万美元；2018 年韩国人口中度老龄化，人均 GDP 为 3.3 万美元；然而中国的人均 GDP 仅为 1.25 万美元[①]。另外，对社会化养老的

---

① 宁吉喆. 国民经济量增质升"十四五"实现良好开局[EB/OL].(2022-02-01)[2023-05-18].https://www.cs.com.cn/xwzx/hg/202202/ t20220201_6240048. html.

"污名化"，导致社会养老资源严重浪费，阻碍了养老产业良性发展。

从供给对象来看，在经济能力、制度建设、思想意识等都没有做好充分准备的情况下，我国已经迎来了老龄社会。在此情况下，老年人的相关照护及各种配套政策和服务并不完善，他们的社会地位和服务也难以得到良好的保障。由于处于熟悉的生活环境中且经济实惠，大多数老年人易于接受家庭养老，但家庭无法提供专业的医疗保健服务，而老人过于依赖子女也容易产生代际矛盾。老人易于接受的养老机构一般为政府所设立和运营的福利机构。传统文化是影响养老方式选择的重要内在因素，受教育程度不高的老年人思想封闭、观念过时，不愿意改变生活方式，不愿意尝试机构养老，甚至认为住在养老机构是可耻的。只有更新养老理念，才能推动养老服务的商业化和社会化运作。

我国城乡、区域发展仍存在差距，养老服务均等化仍面临艰巨挑战。一方面，养老设施配置不平衡和不充分仍然是制约优质养老服务发展的瓶颈。截至 2022 年底，全国注册登记的养老机构共有 4 万个，床位 822.3 万张，各省的差异明显。河南省作为全国养老机构数量最多的省，有 3 406 家养老机构。其次依次为安徽（2 602 家）、四川（2 526 家）、江苏（2 461 家）、湖南（2 399 家）、山东（2 298 家）、辽宁（2 191 家）和黑龙江（2 101 家）。养老机构最少的是海南和西藏，都只有 59 家，青海也不足百家（68 家）。另一方面，大量农村青壮年劳动力向城市迁移导致农村人口老龄化比城市人口老龄化更严重、更快。根据第三次至第七次人口普查数据，1982 年农村 65 岁及以上人口占农村总人口的 5%，比全国平均水平高 0.09 个百分点。2020 年农村 65 岁及以上人口占农村总人口的 17.72%，比全国平均水平高 1.14 个百分点。由于长期实行独生子女政策和人口向大城市迁移，独居老年人的问题逐渐紧迫。据中国发展研究基金会测算，2025 年我国高龄独居人口将突破 3 000 万，到 2050 年将达到 5 300 万①。这势必造成我国养老服务产业发展不均衡，加剧城乡养老服务资源的供需矛盾。

（三）技术障碍

我国养老服务供给体系还面临着人才培养滞后、养老技术相对落后、基础设施缺乏规划等障碍。

医疗技术的发展不仅延长了人类的寿命，也带来了更大的医疗负担，

---

① 中国发展研究基金会. 中国发展报告 2020 ［EB/OL］.（2021 - 10 - 09）［2023 - 05 - 18］. https://www.cdrf.org.cn/jjhdt/5450.htm.

尤其是在非传染性的慢性疾病方面。对老年预防保健、疾病护理、慢性病管理等工作的需求日益迫切，这对专业人员的数量、知识和能力都提出了极大挑战。然而，我国老年医疗护理人才培养仍处于起步阶段，相关专业发展滞后，医院、社区、养老机构的护理人员均来自普通的护理专业，他们没有系统接受过老年护理教育，具有老年护理知识的专业人员不能满足社会需求。缺乏医学知识、学历较低的从业人员只能提供类似于保姆的服务，无法提供老年人需要的健康评估和身体保健服务。专业化培训体系不健全直接导致人员整体素质无法得到实质性的提升。另外，护理人员和医务人员的水平和地位仍然存在差距，养老服务从业人员普遍面临社会地位低、收入低等问题，降低了从业人员工作热情和动力。

当前我国有 40 多家在线医疗服务提供商①，其中老年患者的医疗消费占据最大份额。但现有技术还不能很好地满足养老服务供给的实际需求。最主要的养老模式仍是居家养老，老年人的身体情况欠佳，需要养老服务提供者上门服务。目前尽管很多城市借助互联网、大数据等先进技术构建了智慧养老网络，但还存在以下问题：智能终端设备过于简单，无法准确获取老年人跌倒等异常情况的监测数据；设备质量差，没有成熟的售后服务，一旦损坏，很难反馈并恢复数据；收集到的信息无法实现与服务对接，难以满足老年人的需求；云技术、多媒体技术相对落后，可视化效果较差。目前老年人的新技术接受能力较低，服务团体也没有充分考虑到老年人的个体差异和消费习惯，服务缺乏针对性和有效性；政府与企业、社会组织之间的信息交流不通畅，技术、资金、人才、管理壁垒过高，很难使这些技术在中西部或农村地区得以推广。总的来说，服务平台缺乏统一的设计标准、用户体验感不佳、服务的供需不平衡。

与其他群体不同，老年人由于年龄、身体等因素对日常居住场所有着特殊的需求。目前的养老设施大多只能满足基本生存需要，缺乏精神和文化方面的考虑，养老机构在规划养老设施的过程中更多是考虑面向市场寻求利润回报，并未真正考虑老年人的需求。

---

① CHUDHERY M A Z, SAFDAR S, HUO J, REHMAN H U, et al. Proposing and empirically in-vestigating a mobile – based outpatient healthcare service delivery framework using stimulus – organism – response theory [C]. IEEE Transactions on Engineering Management，2021：1–14.

第三节 发达国家养老服务发展的经验及启示

一、发达国家养老服务发展的经验

（一）美国养老服务供给经验

"美国在 20 世纪第一个步入人口老龄化社会。人口普查数据显示，美国国民的平均年龄为 38.5 岁，65 岁及以上的人口比例预计将从 2000 年的 12.4%增加到 2030 年的 19.6%，80 岁以上的人口数量预计将从 2000 年的 930 万增加到 2030 年的 1 950 万。"① 虽然经济发展迅速，但人口老龄化程度仍持续加深，这成了美国亟待解决的问题。

1935 年，美国第一部《社会保障法》出台，退休人员、老年人口等特殊人群享受了社会福利。到 20 世纪 60 年代，约翰逊总统进一步完善了公共住宅、医疗、福利等各方面的社会保障制度，涵盖的保障项目也越来越多，惠及了越来越多的老年人口。20 世纪 80 年代，美国在健全社会保障体系的基础上，探索出一条改革与创新之路。在社会保险方面，赋予自治州与州政府高度的自主权和自治权。与此同时，设立诸如公共援助金之类的社会福利，对残疾人、老年群体以住房补助、医疗补助的形式进行救助。但是，只有政府单方向的投资，无法覆盖并满足所有群体，于是具有面积广、项目全特征的社会救济，逐渐成了美国养老体系中的重要组成部分。

美国的养老体系包括私营养老计划和强制性养老措施。私营养老计划通过个人储蓄、现金或委托专业机构进行资金管理，实现老年人经济收入的多元化；强制性养老措施将社会保障做到了普及化，确保所有老年人退休以后能够享受相应的福利待遇。1978 年，美国经济逐渐复苏，颁布了《国内税收法》，允许企业将分红存入员工的私人账户，并享有延迟纳税的权利。但由于当时这一条款刚刚成型，权责界定并不清晰，1980 年后，税务专家改良了私人账户运用方向，使条款更符合当时养老计划的发展。与此同时，美国也逐渐将重点放在了为老年人提供基本医疗保障制度上。《社会保障法》明确提出以私人与社会相结合的模式形成养老医疗保障体系。随着科学技术和社会经济的飞速发展，美国在医疗保障方面的支出也

---

① 张恺悌. 美国养老 [M]. 北京：中国社会出版社，2010.

在持续上涨，政府的财政压力逐渐加大，不得不上调部分医疗费用，使部分老年人面临看病难的问题。面对上述困境，美国政府根据老年人实际情况，设计了差别化支付方式，并通过调整药物处方和非处方类别等方法，调控医疗保险体系的适应性与时效性。美国还为体弱多病的老年人开发了一些服务模式，如老年评估和管理项目（GEMU）、老年人急性护理（ACE）、老年人全面护理计划（PACE）。

美国的人均收入、就业率领先于其他国家。美国 96% 的在职人员参与社保，其中为 65 岁及以上老年人提供的医疗保健支出约占总支出的 30%，并对正常人与残疾人设定不同的政策。"2006 年，65 岁及以上老年人中有90% 的人领取社保福利，社保福利占他们全部收入的 41%。"[①] 美国老年人不但可以从各种补贴中获取收入，还可以从自己的劳动中获得收入。据统计，65 岁及以上老年人有 20% 会重新工作，再就业能使其获得更多的收入，并且这个比例每年都在上升。

同时，由于社会经济发展和家庭结构等因素的影响，社区对于自理、半自理的老年人提供的服务也不相同，使得家庭养老已不再是美国老人唯一的养老方式。在美国最著名的老年人社区太阳城中心，"这里的居民必须是 55 岁及以上，18 岁以下的陪同人士一年居住不能超过 30 天"[②]。社区为老年人设计了专用建筑，其室内设计与他们的生活需求相适应，还设有健身、娱乐、文化活动设施。除了政府建设的养老机构外，个体经营和非营利组织的养老机构也成了老年人的选择。美国是市场化程度较高的国家，市场在养老体系中起到的作用是不可替代的，政府对私营养老机构给予很大的扶持，并严格监督其发展速度及服务质量。

最后，还为特殊人群设定了特殊养老模式，残疾人是其主要的服务群体。残疾人作为特殊群体本就严重依赖卫生保健系统，需要专业护理、药物治疗以及以家庭和社区为依托的日常护理。对于普通老年人来说，基本的保健和筛查就可以较为有效地预防心血管疾病、糖尿病等慢性疾病，而残疾老年人需要额外的护理和支持。《健康公民 2010》发布的目的包括促进残疾人健康、预防继发性疾病以及消除残疾人和非残疾人之间的差距。而在保障少数民族老年人群体方面，联邦政府根据各民族的生活习惯、创收能力、生育能力等，通过社会、政府、市场等方面的力量联合予以支援。

---

① 杨哲. 美国养老保障体制及其对我国的启示 [D]. 山东：山东财经大学，2012.

② 张恺悌. 美国养老 [M]. 北京：中国社会出版社，2010.

（二）日本养老服务供给经验

日本既是经济发达国家，同时又是世界上受老龄化影响最大的国家之一。2019 年发布的人口统计报告显示，日本的老年人口已达到 3 500 万，老龄化比例高达 28.4%[①]。预计到 2035 年，日本的老龄人口比例将超过 32%，进入超老龄化社会已成为日本面临的首要挑战，而东京等大城市的远郊地区的老龄化趋势则更为明显[②]。

日本政府将老年人的福利问题视为养老问题的关键，其公共医疗保险制度于 1961 年启动，老年人的医疗费用由政府承担。20 世纪末，日本受石油危机的影响，财政能力大大减弱，老年人的福利待遇成了政府的重担之一，养老机构、医院等公共服务资源严重不足的问题也日益凸显，日本政府开始考虑现行的医疗和养老模式是否可持续，是否需要建立一种新的模式。由此，养老模式从最初的"行政型"转向"合约型"，政府开始调整与社会在养老问题上的权责分配，鼓励个体参与，制定相关法律，予以经济和政策上的支持；鼓励私营企业参与，以缓解经济上的压力和减少社会不稳定因素；制定相关法律制度，如《社会福利事业法》。

同时，根据社会发展趋势和社会实际情况，日本制定了三项改革政策：推进区域医疗，普及社区智慧医疗和福利设施，为老年人提供可持续、有保障的家庭医疗护理服务。对于医养资源不足的地区，通过招商引资等方式吸引医疗机构和养老机构参与。为更大规模地提供医疗和老年护理服务，鼓励社区附近的公立机构和私立机构合作，进行智慧医疗环境和设施改造；在分析现有居住条件和社区条件的基础上，以安全、优质、可持续发展的公共住宅为目标，进行重新设计和整体改造；为年轻群体、家庭群体和老年群体提供相互交流和帮助的社区平台，以维护社区各利益相关者的共同利益，促进社区和谐发展。

日本具有特色的居家护理养老模式，使老年人在家就可以享受政府和社会的养老服务。这些服务具体可划分为五种：一是由政府及社会提供上门服务，为老年人提供洗浴、打扫卫生、做饭等日常生活类服务；二是由

---

① IRACEMA L, KEIKO K, SABINA V, et al. Dementia in "super-aged" Japan: challenges and solutions [J]. Neurodegenerative Disease Management, 2021, 8 (4): 257-266.

② KENJI W, SHIGERU N, KENJIRO K, et al. Trends in incidence of end-stage renal disease in Japan, 1983—2000: age-adjusted and age-specific rates by gender and cause. [J]. Nephrol Dial Transplant, 2004 (8): 2044-2052.

专业的护理师为身体欠佳的老年人制订护理方案，提供专业的护理服务；三是为生活无法自理的老年人进行康复照护，并安排专业康复师在家提供康复训练；四是由政府和社会正规组织对生病的老年人进行上门检查，进行医疗护理；五是由专业人员对无人照顾、无法自理的老年人进行托管。总的来说，该模式的五种类型考虑到了各类老年人的需求，服务系统相对完善。

另外，日本根据不同情况的老年人设有不同的养老机构。例如，对相对健康的老年人，设有专门的养老机构及护理人员，注重满足老年人的生活、娱乐及精神方面的需求；对高龄老人，则指派专门的高级护理人员，并定期检查；对生活不能自理的老年人，对其生活、健康及精神等各方面都非常重视。日本养老机构的照护服务系统从建筑构造到人员配置都具有较高的水平。

（三）澳大利亚养老服务供给经验

2009—2010 年，超过 100 万老年人接受了澳大利亚政府补贴的养老服务，政府为此每年花费 110 亿澳元，其投入占澳大利亚国内生产总值的 0.8%。由于人口增长和寿命提高，预计到 2050 年，将超过 350 万人接受养老服务，其花费占澳大利亚国内生产总值的 1.8%。社会对养老的态度在发生改变，老年人越来越富裕，人们越来越渴望独立生活，获得非正规资助的机会逐渐减少。这些变化促使国家卫生和医院改革委员会（NHHRC）重新审查老年护理系统，并提出改革方案。2009 年，国家人权委员会要求生产力委员会对老年护理部门进行调查，这开始了从提供者定向护理到疾病预防中心的十年改革之路。2011 年，澳大利亚进行改革，以改善养老服务供给的不公平，提高其质量和性价比。改革的主要方向是通过疾病预防控制中心增加消费者的选择，使消费者可以更好地获取信息和补贴，创造一个更加基于市场的系统，提高其服务质量和价值。为此，对疾病预防控制中心的交付模式进行质量和标准改革，以防市场失灵。疾病预防控制中心出现于 20 世纪 90 年代的欧洲，并作为一种可选择的老年护理服务在国际上越来越受到欢迎[1]。

2013 年的《老年人护理法》推行了《澳大利亚老年人护理报告》所建议的变革内容，包括支持老年人居家养老，改善对弱势群体的服务，旨

---

① GILL L, BRADLEY S L, CAMERON I D, et al. How do clients in Australia experience consumer directed care? [J]. BMC Geriatrics, 2018, 18 (1): 148-160.

在通过让消费者对他们所需的服务有更多的选择，建立一个更具竞争力和效率的市场驱动系统。该法还规定每隔五年需进行审查，并形成《老年护理立法审查报告》。2015—2016 年，380 万澳大利亚老年人中的 130 万人获得了政府资助。作为一个多样化的群体，他们的经济能力、识字水平、文化背景各不相同，这种多样性对政策制定提出了挑战。澳大利亚政府支持消费者导向护理（CDC），并支持老年人居家养老。老龄化委员会作为澳大利亚最具代表性的老年人服务机构，代表超过 1 000 个组织和 5 000 万老年人，同样支持消费者导向护理，并认为该模式提供了灵活的服务。居家养老是一个居家和社区综合性服务模式，包括社会支持、家务劳动帮助、个人照护、家居装修、专业医疗等服务①。

老年人护理服务质量的提高被认为是疾病预防控制中心争取的自然结果。在改革之前，政府就已经认识到需要制定监管措施和标准来确保适当质量的护理的提供。为了在新体系中提高护理质量，2013 年澳大利亚老年护理质量机构成立，随后老年护理投诉处理机构设立，并独立于其他部门存在。2017 年，单一质量框架建立，以防止基于疾控中心的老年护理系统的市场失灵。此外，自 2018 年以来，公众对向老年人提供护理的监督越来越严格。2018 年，政府宣布成立皇家老年护理委员会。2019 年，养老质量安全委员会成立。澳大利亚的养老服务供给已成功地从提供者指导模式转变为消费者指导模式。

总的来说，澳大利亚的养老服务模式主要有两种：机构养老和居家养老。养老院、社区养老机构接受政府补贴，对低收入人群老年人来说不会有太大压力。老年人同样也可以根据自身状况选择环境好、价格高的私立养老机构。但政府对养老机构的扶持也带来了一些问题。一些机构为了获得政府的补贴而盲目扩大规模，导致了床位过剩、资源浪费、政府财政压力大等问题。因此，居家养老体系成为澳大利亚政府重点支持的项目。

另外，澳大利亚还注重建立老年护理评估制度。澳大利亚的老年人想要获取政府补贴，需致电热线或到网站注册，记录自己的身体状况，然后有专业评估团队前往申请人家中进行综合评估。专业团队由专业医师、理疗师、心理咨询师等人员组成，了解老年人病例并对老年人进行面对面深

---

① 李津蓉. 澳大利亚老年护理服务业发展的经验与启示［J］. 中国民政，2017，606（9）：57-58.

入评估①。评估内容主要包括一般信息记录、社会评估、能力评估、功能评估、建立身体情况卡、心理与社会状态评估。通过以上评估了解老年人的日常生活能力、用药、精神状态等情况，确定他们是否需要护理服务②。

二、发达国家养老服务发展的启示

（一）发挥政府主导作用，推动养老事业发展

从养老供给体系来看，美国有《老年法》《老年社区服务就业法》《老年人志愿工作计划》，为老年人提供养老金、补贴和投资计划。日本有《老年人福利法》《老年人保健法》《促进老年人健康福利十年战略计划》，构建了多元的养老服务体系。澳大利亚有《老年人护理法》作为养老服务改革的依据。政府作为国家的掌舵者，起着主导且不可替代的作用。

从美国和澳大利亚的做法来看，在社会发展的各个阶段，政府都会主动地制定相关法律，为养老服务供给体系提供根本保障。在澳大利亚，政府注重消费者导向模式和灵活的服务供给；在美国，政府注重改善人口年龄结构和提高国民的出生率，大力发展医疗科技和提高生育补助。由于美国移民多为年轻人，吸引年轻人的迁入在一定程度上能降低美国的平均年龄，改善年龄结构，缓解老龄化。最后，社会经济的快速发展，政府给予各州足够的自治权利，使各地方政府充分发挥指导作用，更符合各地区不同的养老情况并能鼓励市场和非营利组织的加入。

在养老机构及其设施配置上，日本的老龄化程度很高，老年人中高龄人口占绝大多数，因此日本政府更注重养老体系细节方面的设置。设有不同类别的养老院，为不同情况的老年人服务，且注重室内设施的细节，从一个插座的位置到整体建筑的设计，都充分考虑到老年人的特殊需求。在专业人员安排上，澳大利亚较为注重老年护理评估，其评估团队里有各个学科的人员。日本由于养老服务分类详细，各领域都需要专业人才为老年群体提供专门的服务。政府的这一需求提高了专业人才待遇，完善了城市社会养老及居家养老体系。

---

① 陈丽，冯晓霞. 澳大利亚养老护理模式及对我国老年护理发展的思考 [J]. 海南医学，2012，23（10）：146-148.

② 李绵利，VIRGINIA PLUMMER，JACQUI ALLEN，等. 澳大利亚老年护理综合评估体系介绍及其对我国养老服务的启示 [J]. 护理研究，2021，35（14）：2546-2550.

（二）发挥市场调节作用，完善养老产业供给

总结上述三个国家的养老供给服务经验，可以看出它们都非常重视市场力量的介入，从最初的单向管理发展到了现在的多元化管理。首先，在城市养老投资方面，政府不再垄断而是鼓励市场参与其中。在多元合作的社会养老服务体系中，政府是组织协调的中心力量，政府要加大对养老机构和老年人的政策支持和经济补贴，扩大购买公共服务的范围，并通过非政府组织提供多元化的养老服务。当然，仅靠政府的支持是远远不够的，要充分发挥市场在资源配置中的决定性作用。其次，在社会养老制度创新方面，要将养老服务的管理和就业推向市场，推动养老服务的产业化发展，形成养老产业链。这样不但缓解了政府的财政压力，还为市场创造了新的商机。在这个过程中，政府应协调各部门之间的利益，加强组织与外部的联动合作，进一步强化公共服务功能，统筹规划，有效配置各类养老资源，发挥试点作用。最后，政府要注重支持和监督，拉动市场快速发展，平衡城乡社会养老服务体系的发展，建立多元服务供给机制，如为城市不同年龄阶段、身体状况和经济状况的老年人提供不同方式的服务；建立老年人服务评估制度，鼓励老年人接受居家护理服务。同时，要丰富养老服务发展模式，逐步推动养老体系创新发展。

（三）引入公益性组织，注入养老新活力

公益性组织要有准确的定位，要处理好与社区、政府和老年人之间的关系。公益养老服务组织介于政府和市场之间。在宏观上，政府通过政策支持和监督运营调控全局，保证合理性与公正性。日本制定了《老年人健康福利标准》，美国制定了《宜居社区评价指南》，澳大利亚制定了老年护理综合评估体系，注重相关组织的评价和激励政策的制定，减少了腐败等现象的出现。社区提供的基础设施和场所，会影响服务的时间、地点、范围、方式和结果；老年人负责提出情感、生活、文化等方面的需求。公益性组织是以微利为老年人提供生活、精神、医疗等方面的服务，分担了政府的经济压力和市场的压力。在生活上，对较为弱势的老年人予以关注，开办养老院、福利院及康复中心，同时政府通过减免税收等政策来进行扶持。在物质上，为老年人提供优质的物质条件，向特殊老年群体提供必需的产品，极大地提升了养老供给系统的服务质量。在精神上，公益性组织十分重视老年人的精神健康状况，并邀请社会各界及志愿者参与养老服务供给，通过举办活动、慰问、无偿陪伴等形式，丰富老年人的生活。在技

术上，提供先进技术优化服务环节，对养老服务信息进行记录存档，使服务更具有针对性、有效性。在医疗上，公益性组织拥有专业的医护团队，为老年人定期检查身体，协助其康复，这种医疗帮扶也缓解了政府和社会的压力。

（四）培训技术人才，提高养老服务专业化水平

从美国、日本和澳大利亚步入人口老龄化社会后的发展历程来看，专业人才培养是必不可少的。根据不同的养老需求，政府积极培养相关专业人才，招募全职工作人员、兼职工作人员和志愿者，加强技能培训和人力资源开发，提高他们的素质和专业化程度。同时，通过提高薪资待遇等方式，鼓励大学生特别是医学、心理学、公共管理等专业的大学生从事相关工作。在老年人的生活起居、饮食习惯等方面对专业人员进行培训，使他们能更好地贴近老年人的生活进行服务。在医疗团队方面，培养一批专门从事老年人身体保健工作的医护人员，从身体检查、康复训练到预防生病，为老年人提供有效的医疗护理，这对老年人的身体健康具有重要作用。

第四节　公共养老服务供给体系发展政策建议

一、加强公共养老服务供给体系的顶层设计

（一）加强公共养老服务供给的制度设计

我国关于公共养老服务供给的制度建设目前还停留在老年人权利保障的宏观制度建设阶段，以《老年人权益保障法》为主要制度保障，以《民法典》等的相关条文为补充，但在具体的养老服务以及更细化的养老服务供给领域，大多都以部委出台的指导意见为主，缺乏强制性，难以起到规范作用。政府应当加快相关领域立法工作，出台更详尽的法律法规，明确政府、社区、社会组织、养老机构和老年人自身应承担的义务与责任。

公共养老服务供给面临着多层次、多元化的需求与挑战，必须根据"五位一体"的整体规划，推进养老服务供给体系的系统化整合，设立专门的组织，根据不同服务的内容制定不同服务的标准，设计规范服务流程和评价机制，并按标准统一招标和培训服务供给主体，确保服务质量。应考虑整体的社会福利以确保服务转型的可持续性，而不仅是政策倡导和引

入市场化标准。在顶层设计中要根据不同地区的养老情况、地方政府补贴政策，从私人利益和公共利益出发，选择有效、恰当的政策进行针对性支持，而不是直接、盲目地转型。

同时，在经济建设、政治建设、文化建设、社会建设和生态文明建设上下功夫，经济建设上要实现养老服务的产业升级和规模扩大，政治建设上要完善老年人权益保障法的配套政策法规，文化建设上要建成具有民族特色、时代特征的孝亲敬老文化，要提高养老服务共建能力和共享水平，要推动宜居环境建设，实现人口结构的健康可持续转变。

（二）加强公共养老服务供给的政策设计

习近平总书记提出关于"实现全面建成小康社会"的新时代"两步走"战略，而公共养老服务供给政策是实现新时代"两步走"战略的重要途径，要按照国家的统一规划，保障老龄工作的有序展开，确保公共养老服务供给体系的持续完善。

在精准扶贫的背景下，中央政府把解决特困老人的基本养老问题作为重要的民生保障工作。福利类养老作为社会再分配的手段之一，具有最广泛的覆盖范围，只有通过法规管制工具完善并改革现行退休制度，建立和规范基本养老制度和职业年金制度，才能确保公平的全民老年福利。产业类养老在目前只能作为家庭养老的补充，它是满足个性化养老需求的方式，只有加强人才培养、充分利用养老信息和科技来提升养老服务水平，才能吸引来更多有条件的老年人。

另外，长效机制的完善必须依靠政府的政策支持。首先，要实施全覆盖战略，构建多支柱、多层次的养老保障制度体系。其次，要从根本上解决养老的能力建设问题，提高我国养老保障能力。由于养老产业具有特殊性，对于一次性投资大、投资回收期长的项目，要提供一定的优惠政策，如低融资贷款利率、长还款期等。再次，智库要围绕养老战略需求开展前瞻性、储备性、针对性的政策研究。最后，要在整个社会中营造尊老敬老的氛围。这样既能保障当前老年人的身心健康，也能让青年人以乐观积极的心态来面对今后的老年生活，使全社会成为养老政策的利益相关者，从而出于自身利益积极推动和监督养老制度体系的健康运转。

二、深化公共养老服务供给侧结构性改革

（一）理顺公共养老服务多元供给主体之间的关系

当前，我国养老服务供给主体主要包括个人、家庭、政府、市场和社会组织。理顺各个主体的供给内容和服务对象以及各主体之间的关系，有利于养老服务供给体系的健康发展。

在理想情况下，首先政府要预测利益相关主体的反应，设计激励机制，吸引投资者参与；其次要鼓励投资者在能够获得基本利润的情况下投资养老服务；再次消费者要向投资者购买养老服务，享受其专业服务；最后每个利益相关者都能得到想要的利益，使整个社会福利得到改善。

各主体相互影响、共同承担养老服务的供给任务，以实现养老服务供给的合理有序。社区是政府养老政策的落脚点和养老资源的提供者，家庭则是老年人日常生活的地点。日间照料、助餐服务、上门配送、家庭打扫等是老年人普遍需要的服务，需要社区和家庭共同担负。同时，包括社区、企业、家庭在内的全社会参与，是提高养老服务质量的重要推动力。社区应处理好与政府、市场以及社会组织之间的关系，充分发挥养老服务供给的纽带作用。整合政府、市场和社会组织各领域的资源，将会取得积极的效果。例如，上海市政府向社会组织购买社区养老服务，协助提供老年人吃饭、打扫、医疗、应急等服务；北京市构建了"3+X"社区养老体系，即政府、非营利组织、社区三方合作开展服务项目。此外，采取一定的激励措施，如在注册、技术研发、产品认证、税收等方面给予优惠政策，鼓励民营组织、社会组织参与，结合项目建设和技术开发过程，以直接补贴、自主融资、社会捐赠等方式，扩大各类公益组织的规模和资金来源，促进志愿者组织和团队相结合，联合社会各界力量，更好地为老年人提供养老服务。

（二）引导公共养老服务对象的需求意愿

老年人对养老服务的需求意愿受多种因素的影响，其中价格是最重要的影响因素，其次为老年人的身体状况、政策和舆论环境等。

完善公办养老服务供给机构、体制，鼓励支持企业以多种所有制形式投资养老服务。政府应对公办养老服务供给机构的类型进行更为明确的划分，面向不同的老年群体，对不同功能的养老机构采用不同合作模式。对面向特困老人的养老机构要坚持政府兜底、应保尽保；对面向社区的基础

养老设施和供给机构可以采取PPP（点对点协议）模式、公办民营和资源援助等形式鼓励民间资本和外资的参与。

强化建设政府、养老机构和社会组织多方参与配合的信息共享机制和工作机制，实现最低生活保障制度和精准扶贫政策之间的有效衔接。完善老年人的社会福利制度，鼓励商业保险公司开发并设置老年人长期照料保险项目。健全老年人社会福利制度，根据农村的实际情况鼓励发展和丰富农村护理服务。支持以老年人为对象的慈善公益事业的发展，推广养老服务志愿者等组织的社会活动。

增强老年人的自我保健意识，并帮助老年人学习慢性病的保健知识；因地制宜地开展围绕各类老年人的技能培训，通过发展手工制作、养殖业、服务业等，帮助老年人实现再就业；加快建立并完善养老机构的国家统计标准，引进第三方评估，增强养老机构的保险责任意识和抗风险能力；对因病、失能致贫的老年家庭，加大帮扶力度，通过实现各类养老保险的全国统筹、增加基础养老金等手段增加老年人收入。

（三）加快公共养老服务内容增量提质补短板

由于养老资源存在城乡和区域之间的差异，对养老服务供给体系改革的需求并不一致。在经济相对发达区域，供给匹配失衡是当前养老服务供给体系改革中亟待解决的问题；但在经济相对不发达的农村地区，解决养老服务供给有无问题更为迫切。因此，养老服务供给既要兼顾"增量"，又要兼顾"质量"。

改革开放以来，尽管人民的生活品质和生活水平都得到了显著的提升，但在我国仍然还存在规模庞大的中低收入人群。在一些养老资源匮乏的地区，低收入水平的群体限于自身经济能力，很难成为养老产品和服务的使用者和消费者。即使是中等以上收入水平的群体，养老服务也远未达到"不需要"和"用不了"的程度。因此扩大这些地区的养老服务总量是当务之急。一方面，政府要勇于承担责任，充分发挥统筹资源、整合力量的作用，对"五保户"等这样的特困老人群体，要切实承担起托底兜底的责任，应保尽保，实现全体老年人的老有所养。另一方面，改善基础养老设施，以社区为单位加大文化、娱乐、保健等设施的建设，并采取政府购买、公办民营等方式扩大基础设施的规模。大力培育养老服务产业，增加对养老服务产业的政策和资金投入，并加大对相关措施的宣传力度，将养老问题与就业、教育、医疗等问题联系起来统筹解决，充分吸引民间资金配置医养结合设施，重点鼓励小微养老服务机构的发展。

（四）注重公共养老服务人才培养模式创新

养老服务专业人员是智慧养老、医养结合、社区居家养老模式发展的人力资源保障，养老服务人员是否充足直接关系到老年人能否获得优质服务。要注重志愿者队伍的建设与培养，深入开发养老资源，将养老服务供给转化为消费、投资、知识、技术等方面的实际利润。以时间银行志愿服务为例，志愿者将服务时间存于时间银行，需要时可免费获得相同的服务时间。医养结合、智慧养老等模式所采用的互联网技术会带动大规模的网络设施建设，需要一大批网络规划、设计、建设、集成、管理和维护的专业人才。但目前我国仍缺乏相关专业人才，难以满足网络发展的需要。因此，政府应为人才培养提供物质资源、培训经费支持，积极鼓励高校根据就业市场需求，科学安排师资和课程，引导学生从事相关职业。同时，严格执行护理职业资格制度，提高从业人员工资水平，吸引更多的人才，以利于该行业的可持续发展和良性循环。

在目前资源有限的情况下，通过资源整合和机制创新，适应不同的健康需求，培养医护相结合的护理人才，还有很长的路要走。可以通过搭建人员职业技能培训平台，包括实训基地、健康管理示范中心和云平台，大力推进专业设置与行业需求对接、课程内容与职业规范对接、教学过程与服务过程对接。通过培训补贴鼓励从业人员积极参与相关培训提升职业素养，建立学院培养人才长效机制，完善人才储备。

三、加强公共养老服务供给多元外部环境体系建设

（一）完善公共养老服务供给资金来源体系

随着老龄化进程的不断深入，单纯的节流很难实现根本性的突破，必须开拓新的资金来源渠道，以适应养老服务供给对资金的要求。

最直接的方式就是加大政府的资金支持力度。政府应密切关注养老服务发展，通过公共财政建立稳定的投入机制，确保养老服务的支持额度。如果只是单纯地投入资金有可能会导致资源浪费、效率低下等问题，应以税费补贴、奖惩制度等方式实现。现有的税费补贴大多都是针对养老服务产业，应当将更多的税费补贴转向个人和教育部门。针对个人，对子女的个人所得税中赡养老年人的退税机制进行改革，如通过提高退税金额鼓励子女购买养老服务，或通过提高老年人的社会保险待遇，提高政府对个人

缴费的补贴及其增长率，建立类似于基础养老金调整机制的政府补贴调整机制。针对教育部门，增加养老保险基金的投资利益率，设立人才培养基金、专项奖学金、科研经费等，鼓励高等院校培养老龄工作人才，支持高校职工和学生在养老服务产业进行创新创业。针对企业和社会组织，通过减免企业所得税、增值税、房地产税的方式鼓励企业承担社会责任，或通过给予政策优惠，鼓励非政府组织作为私营机构进入养老市场。

（二）构建公共养老服务供给数字服务云平台

数字技术的发展可为复杂的管理活动提供技术解决方案，提高管理效率，节约管理成本。

建立包括健康档案、服务档案、电子病历在内的老年人个人信息数据库，通过入户登记、App（应用程序）、网站等平台进行登记，有条件的老年人可使用智能穿戴设备，如智能手环、自动测量仪等，使用 GPS（全球定位系统）实时监控上传老年人的基本信息，以便及时有效提供医疗保健服务。同时，借助互联网、物联网，整合不同社区、企业和公益组织的养老服务供给资源，有效匹配供需，使老年人在日常生活中方便快捷地获取订餐、娱乐、互助等服务，同时开发个性化定制项目，接入合作医疗机构和网络医疗服务平台进行医疗护理，如提供预约、挂号、在线门诊、疾病预防及护理咨询。针对不同类型的老年人提供不同内容的服务。对症状较轻的患者，如感冒、湿疹、便秘等，通过与医护人员在线咨询、同步消息传递，使患者获得问诊、开药或转诊的服务；对症状较重的患者，由专业医护人员入户提供问诊服务。平台设计需明确区分技术相关角色和业务相关角色。通过定义组件及其接口来设计平台体系结构，确定吸引终端用户和服务提供者的方式，如患者、医疗专业人员、第三方应用设备提供商。

另外，与年轻人相比，老年人会出现认知能力、心理能力和信息加工能力逐渐降低等问题，应根据个体能力的差异，开发适用的设备。平板和电脑适合受教育程度较高的老年人，可穿戴设备适合身体状况较差的老年人，电话热线适合不熟悉智能终端的老年人。社区应为老年人开展使用智能设备的相关培训，或鼓励他们的子女通过网络为老年人定制所需要的服务，以一体化社区服务管理平台和互联网平台实现实体社区和虚拟社区的结合，深度整合各类养老资源，有效衔接各项政策，以满足老年人多样化的服务需求。

（三）构建公益性组织评价和激励体系

一个综合性的评价和激励体系必须涵盖整个服务过程和所有的相关行

动者。

要使评价客观、准确，就必须明确权利、义务、标准、程序等内容。评价的类型有：政府和社区评价，评价其他组织机构的身份、活动的合法性、服务项目；服务对象评价，对所获得服务的满意度、安全感、幸福感进行评价；自我评价，对组织内部成员工作表现及项目效果进行评价；社会评价，由公众、媒体等第三方从不同方面进行评价。评价的内容有：标准评价，对组织结构、人员、管理、发展规划、财务规范和服务标准进行评估；效果评价，评价服务的内容、质量、便利性以及受益者的数量、结构和反馈情况；效率评价，评价成本、效益、响应性、及时性；过程评价，评价合法性、正义性和合理性。

同时，通过构建综合激励体系，引导资源向重大项目、优秀的机构组织倾斜；在网络、电视、报纸上展示公益性组织的服务活动与项目，这不仅是一种监督手段，还可以使公益性组织获得更多的社会资源，如公众的理解、专业的管理指导、私人和企业的捐赠。

（四）发挥社会媒体平台的宣传教育作用

以电视、网络、广播等媒体形式开展思想和法治教育，对侵害老年人权益的行为进行严厉指责和惩戒，营造良好的维权社会氛围，增强公民全方位维护老年人权益的积极性。合理利用社会媒体全面普及法律援助的知识。在实践中，积极落实对老年人的权益保障，努力扩大法律援助体系的覆盖面，构建完善的法律援助网络，以高质量满足老年人的法律援助需求。家庭养老适合传统老年人的观念和生活习惯，然而家庭养老的负担越来越重，有必要推进养老服务领域的供给侧结构性改革，发挥媒体舆论引导作用，潜移默化地更新老年人的观念。并在此过程中推广自我养老，充分挖掘老年人的智慧与潜力，使他们摆脱单纯消费者的角色，实现自我服务。

第三章　公共就业服务供给与治理

第一节　公共就业服务概念体系

一、公共就业服务概念

就业服务是为满足劳动者求职就业或用人单位招用人员需求，由特定机构提供服务的活动。根据服务供给机构性质，就业服务可以分为公共就业服务和私营就业服务。公共就业服务是由政府部门提供的公益性就业服务，私营就业服务主要是由劳务中介公司提供的以营利为目的的就业服务。本书在基本公共服务概念范围内界定公共就业服务，公共就业服务是政府通过提供信息、培训等方式，帮助劳动者和用人单位实现招聘和就业、提高就业质量的活动。公共就业服务的目的在于解决失业问题、改善失业者生存状况、减轻失业率过高对社会和经济造成的不良影响。结合我国具体国情，公共就业服务是指以政府为主导，社会各方参与，通过就业服务机构，帮助劳动者获得就业岗位和提升就业能力，帮助用人单位寻找合格劳动力的一系列活动的总称。公共就业服务起源于19世纪末的工业国家。发达国家越来越重视政府的公共就业服务职能，将提供社会公众所需求的服务作为政府的公共责任①。《中华人民共和国就业促进法》规定，公共就业服务具有政策法规咨询、信息发布、职业指导和职业介绍、就业援助、就业登记与失业登记、职业培训和专项的就业服务七个职能。《就业服务与就业管理规定》规定了公共就业服务机构应为用人单位提供招聘用

---

① THOMAS, B. The public employment service in a changing labour market [J]. The International Journal of Public Sector Management, 2001, 14 (6): 524-525.

人指导、招聘代理、跨地区人员招聘、企业人力资源管理咨询、劳动保障事务代理等服务。2008 年国务院印发的《关于做好促进就业工作的通知》将创业服务和创业培训两个职能纳入。自此，中国公共就业服务的职能确定，同国外公共就业服务的主要职能基本一致①。

公共就业服务的对象包括就业者和用人单位。凡是有劳动力供给愿望的劳动者和有用工需求的用人单位，都在服务对象范围之内。"劳动者依法享有平等就业的权利。劳动者就业，不因民族、种族、性别、宗教信仰等不同而受歧视""用人单位招用从事涉及公共安全、人身健康、生命财产安全等特殊工种的劳动者，应当依法招用持相应工种职业资格证书的人员；招用未持相应工种职业资格证书人员的，须组织其在上岗前参加专门培训，使其取得职业资格证书后方可上岗"②。公共就业服务内容涉及就业服务、就业质量服务和就业救济。就业服务包括政府部门提供岗位介绍、以工代赈以及创造公益性岗位等。就业质量服务则通过法律法规规范就业者和用人单位行为，为劳动者就业创造良好的政策环境。就业救济主要针对弱势群体，如残疾人、妇女、农民工等群体，为他们提供基本的失业保障，起到兜底保障作用。

二、公共就业服务理论基础

（一）公共产品理论

公共产品理论出现于 19 世纪末，其思想源头可追溯到亚当·斯密（Adam Smith）的"守夜人"和大卫·休谟（David Hume）的"搭便车"理论。亚当·斯密认为，市场可以通过看不见的手实现资源配置，政府应该充当"守夜人"。政府的职能主要包括保护社会独立、保护公民不受侵犯以及提供公共服务和公共设施三个方面③。大卫·休谟最早发现实现集体行动非常困难，因为每个人都会寻找托词以使自己免于承担麻烦和花费，而使其他人承担整个成本。休谟用"搭便车"来概括这一现象④。在

---

① 王阳. 中国公共就业服务的供给机制：以国外就业服务供给经验为参照 [J]. 经济与管理研究，2015，36（9）：53-59.

② 国务院法制办公室. 就业服务与就业管理规定 [M]. 北京：中国劳动社会保障出版社，2008：1-17.

③ 斯密. 国民财富的性质和原因的研究：下 [M]. 郭大力，王亚南，译. 北京：商务印书馆，2008：28-35.

④ 休谟. 人性论 [M]. 关文运，译. 北京：商务印书馆，1983：577-579.

此基础上，林达尔（Eric Lindahl）最早使用"公共产品"的概念。他分析了两个消费者共同纳税分担一件公共产品的成本问题，指出每个人在总税额中应纳份额应与他从该公共产品消费中享有的效用价值相等。这些税收份额即为它的税收价格，这个价格就是著名的"林达尔价格"，其形成的供求均衡被称为"林达尔均衡"。这解决了公共产品供给所需费用的来源问题，极大地促进了西方公共财政理论以及公共产品理论的形成与发展①。保罗·萨缪尔森（Paul Samuelson）首次提出了公共产品的明确界定："每个人对这种物品的消费，都不会导致其他人对该种物品消费的减少。"也就是说，"每个人对这种物品的消费，不需要从其他人对它的消费中扣除"。萨缪尔森对公共产品的经典定义，推动了公共产品与私人产品的区分。所谓公共产品，是相对于私人产品而言的，是指一个人的消费不影响其他人的消费的产品，具有非排他性、非竞争性、不可分割性。依据非排他性、非竞争性这一特性，可以把不同的物品分为纯公共产品、准公共产品和私人产品。同时具备上述两个特征的是纯公共产品，如国防等②。布坎南（Buchanan）认为萨缪尔森提出的公共产品属于纯公共产品，现实中存在大量介于公共产品和私人产品之间的混合产品，遂提出"俱乐部产品"概念。俱乐部产品是指一些人能消费，而另外一些人被排除在外的产品③。20 世纪 50 年代以后，在马斯格雷夫（Richard A. Musgrave）、斯蒂格里茨（J. E. Stiglitz）等学者的推动下，公共经济学成为独立的学科分支，相应的公共产品理论体系形成。

公共产品的界定有狭义和广义之分。狭义的公共产品是指纯公共产品，即那些既具有非排他性又具有非竞争性的产品。广义的公共产品是指那些具有非排他性或非竞争性的物品，一般包括俱乐部产品或自然垄断产品、公共池塘资源或共有资源以及狭义的公共产品三类。公共产品在配置过程中存在"搭便车"、排他成本、公地悲剧等问题。"搭便车"包含两种情形：一是享受到组织提供的种种权利后，丝毫不尽个人对组织的义务。二是在此时此处享受组织提供的权利后，没有在此时此处尽义务，而是在

---

① 王爱学，赵定涛. 西方公共产品理论回顾与前瞻 [J]. 江淮论坛，2007，224（4）：38-43.

② 金冰洁. 我国政府购买公共服务的运行机制及创新路径研究 [M]. 北京：北京理工大学出版社，2017：11.

③ BUCHANAN J M. An economic theory of clubs [J]. Economica, 1965, 32 (125): 1-14.

其他时间或地点尽了义务①。纯公共产品与公共池塘资源具有非排他性，准公共产品或俱乐部产品面临排他成本较高难题。公地悲剧即"每个人都被锁定进一个系统。这个系统迫使他在一个有限的世界上无节制地增加他自己的牲畜。在一个信奉公地自由使用的社会里，每个人追求他自己的最佳利益，毁灭是所有人趋之若鹜的目的地"②。为解决公共产品配置问题，萨缪尔森提出了纯公共产品模型，布坎南提出了俱乐部产品模型，奥斯特罗姆（Elinor Ostrom）提出了公共池塘资源模型。公共产品供给主体包括政府、私人和志愿主体。对于那些不具有排他性和竞争性的公共产品，市场机制不能导致该产品的供给和需求达到有效率的水平，政府就成为最佳供给主体，如国防、货币、军队等纯公共产品应由政府直接生产。在教育、卫生等存在准公共产品的领域，政府可以通过购买服务、授权经营等方式进行间接生产。可以由私人供给的公共产品一般为准公共产品，其范围和规模相对于纯公共产品较小，涉及的消费者数量有限。正如布鲁贝克尔（Earl R. Brubaker）和史密兹（David Schmidtz）所认为的，这容易使消费者根据一致性同意原则订立契约，自主地通过市场方式来获得。由于消费者数量有限，达成契约的交易成本较小，有利于公共产品的供给。公共产品私人供给的形式有三种：一是私人的完全供给，二是私人与政府的联合供给，三是私人与社区的联合供给③。志愿供给是社区公共产品供给机制中的一种，志愿体现了社区公共产品供给主体意志的自由性和行为结果的利他性。志愿供给主体可以是个人也可以是组织。个人主动为社区、社区成员捐款捐物，一般被理解为慈善行为。个人不图物质报酬，自愿为社区、社区成员提供劳务，即志愿服务。志愿服务具有自愿性、公益性、劳务性、非职业性等特点。志愿服务的本质是改善人类生活，提升生命品质。志愿精神是仁爱的、利他的、为公益着想的，它能使人获得新知，使空虚的人获得充实与自在④。

基于公共产品理论，公共就业服务具有准公共产品的性质，表现出非排他性和非对抗性的特征。由于排他性成本较高，在公共就业服务供给中

① 王广正. 论组织和国家中的公共物品 [J]. 管理世界, 1997 (1)：210-213.

② HARDIN G. The tragedy of the commons science [J]. Science. 1968 (162)：1243-1248.

③ 吕恒立. 试论公共产品的私人供给 [J]. 天津师范大学学报（社会科学版），2002 (3)：1-6, 11.

④ 李雪萍. 城市社区公共产品供给机制论析 [J]. 社会科学研究, 2009, 182 (3)：99-103.

市场和社会缺乏积极性，政府成为公共服务的主要供给主体。"搭便车"等现象的存在，导致了公共产品经营效率低下、供需结构不匹配等政府失灵现象。公共产品缺乏竞争而导致的资源浪费和滥用，致使公共产品供给缺乏效率或者与需求不匹配。另外，政府官员追求政治权力和升迁机会的最大化可能导致政府在决策时违背公众的意愿，"形象工程""政绩工程"就是其现实表现①。为应对政府失灵，市场被引入公共就业服务领域成为供给主体。但市场化改革取得一定成效的同时亦暴露出市场失灵弊端。市场失灵表现为排他性成本高，投资回报率降低。政府和市场单一主体供给公共就业服务，均会出现不同程度的市场失灵。公共就业服务供给主体由政府垄断逐渐向政府、市场和社会多元主体协同供给转变②。

（二）搜寻匹配理论

搜寻匹配理论是关于劳动力市场和宏观经济间交互作用的理论。劳动者实现就业要经历岗位搜寻和匹配过程。搜寻匹配的顺利实现是劳动力市场高效运转和就业率提高的关键。在阿罗（Kenneth Arrow）与德布鲁（Gerard Debreu）的古典经济学理论中，劳动力市场处于完全竞争状态，参与其中的买方和卖方可以获得想要的市场信息。企业提供任何水平的工资都能雇佣到所需要的工人，工人亦能根据自己的水平获得满意的工资。这一假设显然与真实劳动力市场存在较大差距。劳动力和企业间存在普遍的异质性和信息不对称，双方都需要付出时间成本才能形成匹配。在劳动力市场中，工人和企业会综合考虑各自的偏好和需求，且由于匹配过程并不是即期完成的，还有可能导致摩擦性失业，就业难和用工荒会同时存在。20世纪60年代，学者逐渐关注此现象。20世纪80年代，戴蒙德（Diamond）、莫滕森（Mortensen）和皮萨里德斯（Pissarides）提出了搜寻匹配理论，该理论被应用到劳动力市场、货币经济学和产业组织等多个研究领域。

工作搜寻理论是在搜寻匹配理论基础上发展而来的，它将搜寻过程分为固定样本搜寻和序列搜寻两种。固定样本搜寻模型有一定的局限性，在现实生活中，工作搜寻者寄希望于通过搜寻行为来改善福利，因此搜寻者

---

① 曲延春. 农村公共产品的非政府组织供给：理论逻辑、现实困境与路径选择 [J]. 农村经济, 2015, 398（12）：21-24.

② 陈世伟. 我国农村公共服务供给主体多元参与机制构建研究 [J]. 求实, 2010, 345（1）：90-93.

不会提前确定拟搜寻企业数量，而会不断寻找工作直到满意为止，其持续时间取决于搜寻和被搜寻双方各自的偏好和他们所处环境的全部特征①。皮萨里德斯用摩擦来解释劳动力无法全部就业的现象，他认为劳动力找不到岗位和岗位招不到工人属于正常现象。在经济发展的第一阶段，劳动力从农业转向工业。而到第二阶段，劳动力则从工业转向服务业，关注其中的移动障碍，就可以发现应该跟进什么样的政策去鼓励这种流动。在劳动力从农村转移到城市的过程中，住房、薪资福利和教育是三大障碍②。岗位搜寻、岗位匹配和工资协商是搜寻匹配理论的三项主要内容。普瑞斯（Pries）和罗杰森（Rogerson）在标准的劳动力市场搜寻模型中加入随机劳动力非参与过程，分析了搜寻摩擦对劳动力市场参与率的影响，发现劳动力参与方式与劳动力个体特征和市场条件密切相关，跨国劳动力市场参与率的差异往往大于失业率的差异，这主要是由劳动力市场摩擦和劳动力参与决策之间的相互作用所决定③。米切拉特（Michaillat）指出，失业是劳动力市场中搜寻匹配摩擦和工作配给的综合作用结果，不同经济形势下两者对解释失业的重要程度不同。当经济处于衰退期时，市场的就业机会减少，劳动力市场出现疲软状态，企业招聘变得简单且便宜，此时搜寻匹配摩擦对失业的影响也相对较小，而工作配给的作用相对增强。反之，当经济处于扩张期时，工人和企业的情绪变得高涨，市场的就业机会增加，此时搜寻匹配摩擦对失业的作用相对较强，而工作配给的作用相对较弱④。莫斯科里（Moscarini）通过将微观经济中的工作匹配模型和宏观劳动力市场的搜寻匹配模型结合，考察了搜寻摩擦和工作匹配对工资分布的影响，发现与传统搜寻匹配模型相比，搜寻摩擦的引入能够降低新模型情形下工人的工资不平等程度，进而影响劳动力市场中就业和失业的均衡水平⑤。根据搜寻匹配理论，为减少摩擦性失业、提高工作匹配效率，政府应该提

① 穆睿. 搜寻匹配理论研究综述及其政策启示［J］. 西北农林科技大学学报（社会科学版），2012，12（5）：96-101.

② 邢丽娟，冯丽娜，苏惠芝. 诺贝尔经济学大师的创新视角［M］. 北京：中国商务出版社，2015：285.

③ PRIES M, ROGERSON R. Search frictions and labor market participation. ［J］European Economic Review, 2009, 53（5）：568-587.

④ MICHAILLAT P. Do matching frictions explain unemployment? not in bad times［J］. American Economic Review, 2012, 102（4）：1721-1750.

⑤ MOSCARINI G. Job matching and the wage distribution. ［J］Econometrica, 2005, 73（2）：481-516.

供必要的就业服务，来消除劳动力市场中存在的地域、户口、性别等差异。引导建立规范的劳动中介机构，为劳动力提供就业信息和技能培训，减少就业匹配过程中产生的摩擦成本。

第二节　公共就业服务政策变迁

一、计划就业政策阶段（1949—1978 年）

从新中国成立到改革开放初期，我国公共就业服务以计划为主，劳动力呈现出明显的城乡差异。城市劳动力就业由劳动部门根据生产计划安排对劳动力实行集中统一招收和配置。通过农产品统购统销制度、户籍制度和人民公社制度，严格限制农村劳动力向城市流动，并对农村劳动力出工时间、种植种类以及报酬方式进行了规定。失业率高、劳动生产率低是此阶段就业问题的主要表现。1949 年末，全国城镇失业人数为 472.2 万人，城镇失业率为 23.6%。1952 年，农业劳动力比重高达 83.5%，第二、第三产业劳动力比重分别仅为 7.4% 和 9.1%。就业主要以农业、牧业、林业、渔业等第一产业为主，劳动生产率低，经济发展缓慢。为解决就业问题，维护社会稳定，党和政府制定了就业服务措施。关于政权更替产生的旧政府工作人员就业问题，1949 年中共中央发出《关于旧人员处理问题的指示》，采取"包下来"就业政策。由政府接管全部原国民党时期的公职人员，维持原职原薪。此政策解决了 600 余万公职人员的就业问题。1952 年，政务院发布《关于劳动就业问题的决定》要求"某些企业即使一时发生困难，也应从积极发展生产和营业中来克服本身的困难，不得从解雇职工上想办法，以保障职工利益，避免增加失业"。1952 年，政务院劳动就业委员会发布《关于失业人员统一登记办法》，实行城市失业人员登记制度，对私营企业解聘工人做出了明确规定，标志着就业政策正式转向"统一介绍、统一调配"。随着国民经济的逐步恢复，从 1953 年开始中央将劳动用工制度的管理纳入经济社会建设计划，着手调整我国劳动用工管理政策。1955 年，第二次全国劳动部门局长会议正式确定了"统一管理、分工负责"的劳动用工政策，形成了统包统配、能进不能出的劳动管理体制①。规定公私企业将用人需求和待遇上报劳动部门，由劳动部门进行统一劳动力调配。复员军人、大中专毕业生、技工学校毕业生均由政府统一安排就业。1957年，全国职工人数为2 451万人，比1949年增加了3倍②。

"三大改造"完成后，城市劳动力基本制定了"统包统配"的就业政策，为缓解城市就业压力，开始向农村转移劳动力。1958年，《中华人民共和国户口登记条例》颁布，通过户口制度严格限制农村劳动力向城市流动。1958—1966年，由于实行"以钢为纲"的方针，全国各地大炼钢铁，用工需求快速增加。1958年，全国重工业从业者净增加2 000多万人，重工业职工在工农业劳动者中的占比由1957年的2.7%增加至1958年的17.8%③。伴随着农民涌入城市以及粮食生产问题凸显，城市失业问题愈发严重。1964年，中共中央、国务院发布了《关于动员和组织城镇知识青年参加农村社会主义建设的决定（草案）》。1968年，全国开展了知识青年"上山下乡"活动。1962—1979年，共有1 776.48万人上山下乡，其中插队人数为1 282.21万，到集体场队人数为203.03万，到国营农场人数为291.19万④。通过知识青年"上山下乡"，大量劳动力向农村转移，形成了"亦工亦农"的独特就业模式。

二、双轨制就业政策阶段（1979—2002年）

改革开放初期，大规模的上山下乡青年返回城市构成待业群体。在家庭联产承包责任制推动下，农村剩余劳动力增加。计划经济体制下的"统包统配"就业模式和"全民就业"政策无法满足市场需求，就业调控由计划向市场化方向转变。1980年，中共中央转发的全国劳动就业工作会议文件《进一步做好城镇劳动就业工作》率先提出"在国家统筹规划和指导下，实行劳动部门介绍就业、自愿组织起来就业和自谋职业相结合"的方针，形成国有、集体和个体多元的就业渠道。1981年，中共中央、国务院出台《关于广开门路，搞活经济，解决城镇就业问题的若干决定》提出，发展与人民生活关系密切的商业、服务性行业和消费品生产行业，并将其

---

① 谢秀军，陈跃. 新中国70年就业政策的变迁 [J]. 改革，2019，302（4）：16-26.

② 吴宏洛. 中国就业问题研究 [M]. 福州：福建教育出版社，2001：23.

③ 国家统计局社会统计司. 中国劳动工资统计资料1949—1985 [M]. 北京：中国统计出版社，1987：9.

④ 国家统计局社会统计司. 中国劳动工资统计资料1949—1985 [M]. 北京：中国统计出版社，1987：110.

作为解决城镇劳动力就业的重要手段。同时，调整产业结构，开辟集体经济和个体经济的就业渠道。1983年劳动人事部颁布《关于积极试行劳动合同制的通知》，改革用工制度，打破"铁饭碗""大锅饭"，真正实行"各尽所能、按劳分配"的社会主义原则。1986年，国务院出台《国营企业招用工人暂行规定》，要求企业招用工人，应当公布招工简章，符合报考条件的城镇待业人员和国家规定允许从农村招用的人员，均可报考。同时废除内部招工、退休工人"子女顶替"的用人办法。由此形成"老人老办法、新人新办法"的双轨制就业政策。以公开招聘赋予用工企业和求职者就业选择的权利，公开招聘所形成的竞争机制能够优化岗位匹配，有利于激发劳动力积极性和提高岗位匹配效率，打破内招和顶替的封闭式用工制度。劳动合同制度的确立进一步推进了就业的市场化，为失业者提供了待业保险等基本生活保障。1978—1987年，我国城镇登记失业率由5.3%下降为2%①。

进入20世纪90年代，为应对下岗潮，国家制定了再就业政策，通过企业安置、个人自谋职业和社会帮助等相结合的方式推动下岗工人再就业。开展"三年千万"再就业培训计划，推出失业保险、最低生活保障等社会保障制度。1990年，国务院出台《劳动就业服务企业管理规定》，将劳动就业服务企业概括为承担安置城镇待业人员任务、由国家和社会扶持、进行生产经营自救的集体所有制经济组织。国家给予劳动就业服务企业以税收优惠、资金支持和物资供应，将传统的政府行政干预就业转变为市场化就业帮扶。1993年，劳动部颁发《农村劳动力跨地区流动有序化——"城乡协调就业计划"第一期工程》，从建立服务制度、发展服务组织、完善基础手段和强化协调服务等方面确定任务，目的在于在全国形成与市场经济相适应的劳动力跨地区流动的基本制度、市场信息系统和服务网络，使农村劳动力流动规模较大的主要输入、输出地区实现农村劳动力流动有序化。1994年，我国首部劳动法《中华人民共和国劳动法》颁布，为保护劳动者权益提供了法律支持。1995年，劳动部颁发的《关于全面实施再就业工程的通知》明确提出实施"再就业工程"，要求统筹处理好国有企业改革和再就业工程的关系，规范国有企业破产，并做好富余劳动力的再就业安置工作。1978—1994年，中国的劳动生产率年均增长6.4%，

---

① 国家统计局人口与就业统计司，劳动部综合计划与工资司. 中国劳动统计年鉴1997 [M]. 北京：中国统计出版社，1997：8.

1995—2009 年劳动生产率年均增长 8.6%①。

三、积极就业政策阶段（2003—2012 年）

从 20 世纪 90 年代初开始，资本及技术密集型行业占全国行业的份额开始增加。1993 年，资本及技术密集型行业占全国行业的份额的 2.15%，其占比超过劳动密集型行业。到 2006 年，资本及技术密集型行业占比增加至 14.89%②。加入世界贸易组织后，我国产业结构实现转型，第三产业快速发展，我国逐步成为世界制造中心。人口红利进一步释放，劳动力由农业和工业转向服务业和新兴产业。2002 年，中共中央、国务院在北京召开的全国再就业工作会议中提出就业是民生之本的理念。2002 年，国务院出台《关于进一步做好下岗失业人员再就业工作的通知》，提出从多渠道开辟就业门路、完善和落实促进再就业的扶持政策、改进就业服务和加强再就业培训、加强对就业的宏观调控等方面建立积极就业体系。至此就业上升为国家战略，中国进入积极就业政策阶段。

积极就业政策的实施，把我国就业服务重点从增加就业数量、降低失业率转向提高就业质量。2005 年，国务院发布的《关于进一步加强就业再就业工作的通知》提出，就业再就业工作的重点仍是解决体制转轨遗留的下岗失业人员再就业问题和重组改制关闭破产企业职工安置问题；要建立覆盖城乡的就业管理服务组织体系，统筹管理城乡劳动力资源和就业工作，并按照制度化、专业化、社会化的要求，全面推进"以人为本"的就业服务，提高公共就业服务的质量和效率。随后陆续颁布了《关于引导和鼓励高校毕业生面向基层就业的意见》《关于建立高校毕业生就业见习制度的通知》和《关于加强普通高等学校毕业生就业工作的通知》，帮助高校毕业生提升就业能力，实现高质量就业，并引导高校毕业生向基层下沉，壮大基层人才队伍。2006 年，国务院出台《关于解决农民工问题的若干意见》，强调解决农民工问题的重大意义，并从农民工工资保障、劳动管理、就业服务和培训、社会保障、公共服务、权益维护等方面为农民工就业创造良好的政策环境。2007 年，劳动和社会保障部出台《关于全面推

---

① KUIJS L. China through 2020：a macroeconomic scenario［R］. World Bank China Office Research Working Paper, 2010.

② 文东伟，冼国明，马静. FDI、产业结构变迁与中国的出口竞争力［J］. 管理世界，2009（4）：96-107.

进零就业家庭就业援助工作的通知》，提出力争在 2008 年上半年全部消除城镇现有零就业家庭，通过开发公益性岗位、自主创业、组织劳务输出以及灵活就业等为零就业家庭提供多种就业渠道。2007 年，《中华人民共和国就业促进法》出台，明确规定国家把扩大就业放在经济社会发展的突出位置，实施积极的就业政策，坚持劳动者自主择业、市场调节就业、政府促进就业的方针，多渠道扩大就业。标志着我国就业再就业工作迈上法治化、制度化的轨道①。2011 年我国首部就业专项规划《促进就业规划（2011—2015 年）》出台，为持续扩大就业规模、稳定就业局势、提高就业质量提供政策指导。整体来看，积极就业政策主要包括五个方面：一是以经济增长带动就业的宏观经济政策，二是重点促进下岗失业人员再就业的扶持政策，三是实现劳动力与就业需求合理匹配的劳动力市场政策，四是减少失业的宏观调控政策，五是保障失业人员基本生活和积极再就业的社会保障政策②。

四、就业优先政策阶段（2013 年至今）

党的十八大以来，党中央将就业放在民生之首，实行就业优先政策。就业优先政策是在更高水平上实施的就业政策，是对积极就业政策的升级③；在坚持发挥市场对资源配置决定性作用的前提下，将就业置于政治、经济和社会政策的首要位置。在就业优先政策指导下，就业被赋予了为精准脱贫、供给侧结构性改革和新业态发展提供动力和保障的重要功能。为适应产业结构转型和人口老龄化的时代特征，党中央将创业纳入就业优先政策体系，致力于以创业带动就业。2017 年，国务院先后下发《关于做好当前和今后一段时期就业创业工作的意见》和《关于强化实施创新驱动发展战略　进一步推进大众创业万众创新深入发展的意见》，强调大众创业、万众创新是实施创新驱动发展战略的重要载体。从创业环境、创业载体、政策支持和融资渠道方面推动创业积极性。

党的十九大报告指出，要强化就业优先政策，健全就业促进机制，促

---

① 张明龙. 我国就业政策的六十年变迁 [J]. 经济理论与经济管理，2009，226（10）：21-26.

② 莫荣，等. 中国积极就业政策：形成、发展和完善 [M]. 北京：社会科学文献出版社，2015：65.

③ 蔡昉. 在更高水平上实施就业优先战略 [J]. 中国人口科学，2022，213（6）：2-7.

进高质量充分就业；要健全就业公共服务体系，完善重点群体就业支持体系，加强对困难群体就业兜底帮扶。2018年，国务院出台《人力资源市场暂行条例》，对人力资源市场培育、服务机构、活动规范、监督管理做出了规定。2018年，国务院下发《关于推行终身职业技能培训制度的意见》，致力于建立并推行覆盖城乡全体劳动者，培训对象普惠化、培训资源市场化、培训载体多元化、培训方式多样化、培训管理规范化的职业技能培训制度。2019年的《政府工作报告》首次将就业优先政策置于宏观政策层面，强调在就业总量压力不减、结构性矛盾凸显的背景下，各方面都要重视就业、支持就业导向。脱贫攻坚期间，贫困劳动力务工规模从2015年的1 227万人增加到2020年的3 243万人[1]，务工收入约占贫困家庭收入的三分之二[2]。到2019年，全国累计1 111万贫困劳动力依托就业脱贫[3]。2020年，《中共中央关于制定国民经济和社会发展第十四个五年规划和二〇三五远景目标的建议》明确将"实现更加充分更高质量就业"作为政策目标，并以强化就业优先政策为主要任务。面对新冠疫情冲击，党中央高度重视稳就业工作。2020年，教育部、人力资源和社会保障部、国家卫生健康委员会等先后出台了《关于做好疫情防控期间有关就业工作的通知》《关于全力做好下半年稳就业保就业有关工作的通知》《关于发布就业补贴类政策清单及首批地方线上申领平台的通知》和《关于做好当前农民工就业创业工作的意见》等政策，从拓宽就业渠道、促进就近就业、加强就业服务和培训、保障基本生活等方面化解新冠疫情对劳动力就业带来的负面影响；同时，在帮助企业摆脱困境、保障中小微企业经营方面，推出企业社保金缓缴、企业减税等政策，为企业设置了专项贷款、贷款降息等有力措施，通过制定各类扶持劳动力就业的相关政策措施实现保就业、稳就业的政策目标[4]。

---

① 中华人民共和国国务院新闻办公室.人类减贫的中国实践 [M].北京：人民出版社，2021：4-30.

② 李心萍.五年就业扶贫成效显著 [N].人民日报，2020-11-20 (3).

③ 人社部扶贫工作领导小组办公室.全面打赢人力资源社会保障脱贫攻坚战 [J].中国人力资源社会保障，2019 (12)：11-13.

④ 孟繁锦，王玉霞，王琦.疫情期扶持中小微企业发展与保障就业研究 [J].工业技术经济，2020，39 (10)：15-20.

第三节　公共就业服务供给体系

一、公共就业服务供给主体

供给侧结构性改革是基本公共就业服务改革的重要组成部分，实现供给由单一主体向多元主体转变是改革的主要目标。从供给实践看，政府、市场和社会是公共就业服务主要的供给主体。

（一）政府供给主体

政府是公共利益的代表，拥有绝对权威，具有提供基本公共就业服务的天然优势，在基本公共就业服务供给中占据主导地位。政府作为供给主体，为公共就业服务提供制度、资金和组织保障。公共就业服务的生产和分配均需要建立规章制度，使公共就业服务的需求表达和供给过程有法可依、有章可循。为促进公共就业服务事业发展，党中央出台了包括《中华人民共和国劳动合同法》《中华人民共和国就业促进法》《就业服务与就业管理规定》《促进就业规划（2011—2015 年）》等多个法律法规文件，建立起从思想引导到任务考核的政策体系，为公共就业服务供给提供了法律和制度保障。《"十四五"就业促进规划》提出引导带动金融资本和社会资本在返乡创业、技能培训、职业技术教育、就业服务等方面发挥更大作用。公共就业服务资金来源于政府财政预算、专项经费和社会捐助，政府是主要的资金供给主体。2022 年中央财政下达就业补助资金 617.58 亿元，增长 9.1%，使用超过 1 000 亿元失业保险基金支持稳岗和培训，向 52 万户企业发放扩岗资金 27 亿元，惠及高校毕业生 192 万人[①]。公共就业服务供给依托服务组织和机构建设。20 世纪 80 年代以来，公共就业服务机构得到发展，致力于成为综合性公共就业服务组织。公共就业服务机构主要包括三种类型：一是公共就业服务管理机构。承担本地区公共就业服务规划、公共就业服务机构管理和劳动力市场管理工作。这类机构一般称为就业局、人力资源社会保障局等，是各级政府的职能组成部门。二是公共就业服务工作机构。以职业介绍服务为主，按照统一服务窗口的要求，设立

---

① 中华人民共和国中央人民政府. 2022 年中国财政政策执行情况报告[EB/OL].（2023-03-21）[2023-05-02]. http://www.gov.cn/xinwen/2023-03/21/content_5747677.htm.

专门服务场所;作为直接面向求职者和用人单位提供服务的综合性服务窗口,承担政策咨询、信息发布、职业介绍、职业指导、职业培训、创业服务和劳动保障事务代理等多项就业服务功能①。三是基层公共就业服务组织。主要以街道、社区居民和乡镇农村居民为服务对象,承担对就业困难群体提供就业援助等基础性工作②。

在提供公共就业服务过程中,政府以公平为原则,追求就业服务在不同群体和地区间的均衡分配,实现公共就业服务机会和分配均等化,促进社会整体福利增加。消除就业机会不均等是公共就业服务的主要任务,通过就业服务为农民工、残疾人等弱势群体增加就业技能,提供就业机会。消除区域、性别和城乡等造成的就业机会不平等,使劳动者都能得到应该有的报酬和尊重,以充分激发劳动者的就业积极性和内生发展动力。就业是劳动者参与并获得分配的重要渠道。政府供给的公共就业服务要在不同劳动者间、用人单位与劳动者间实现分配均衡,在确保用人单位合法收益的同时,保障劳动力的合法所得;兼顾各方利益,倾听不同主体的诉求,对不合理、不平等的分配进行调整和修正。

（二）市场供给主体

企业是市场供给的主体,通过生产、交换等实现利益最大化。由市场提供公共就业服务,可以通过竞争机制提高服务效率、降低成本、促进服务的多样化和灵活性。与政府供给主体不同,市场主体在提供公共就业服务的过程中通常需要收取一定费用;将公共物品的产权市场化、私有化,可以避免非竞争和非排他造成的"搭便车"问题。市场主体的加入可以打破政府单一主体对公共就业服务的垄断,提升资源配置效率。目前,市场主体主要在技能培训、就业介绍等方面提供服务。通过服务外包、授权经营等方式,政府将部分就业服务转移给市场主体,可以利用企业的专业优势提升服务质量;同时,有利于推动政府公共就业服务供给的市场化改革,有助于政府精简政务,将更多注意力转移到核心板块。市场主体参与服务供给的另一种方式体现在资金筹集方面。政府可以通过授权、补贴等方式激发企业参与服务供给,吸纳企业资金,以增加公共就业服务的资金来源。市场供给存在局限性,外部性、信息不对称性等的存在会造成机会

---

① 王丽平. 我国公共就业服务机构建设研究 [J]. 中国行政管理, 2013, 339 (9): 30-33.
② 王飞鹏. 中国公共就业服务均等化问题研究 [M]. 北京:首都经济贸易大学出版社, 2013: 45.

和分配的不公平。市场主体对利益的追求，也使其无法胜任纯公共产品的生产和供给。基本公共就业服务的公共性、基础性、保障性、兜底性等特征决定了其供给不能完全按照市场机制来进行①。对市场供给的过度依赖会损害社会公平，加剧农民工等弱势群体的就业困难。因此，在市场主体发挥供给作用的领域，政府依然负有责任，要通过严格的主体筛选和监督机制，确保参与服务供给的企业符合生产服务的资格要求，坚守公共利益底线，合理控制市场主体的逐利行为，实现公共利益与私人利益的共赢。

（三）社会供给主体

在解决"政府失灵"和"市场失灵"问题时，社会供给受到重视。由社会组织、行业协会、志愿团体等组成的社会供给主体是政府和市场之外重要的服务供给力量。与政府和市场供给主体相比，社会供给主体更具草根性和灵活性，能够适应复杂多样的个性化就业服务需求，发现并填补政府和市场服务供给的空白。社会供给主体的公益性和志愿性，使其具有较强的主体意识，能够通过宣传唤起人们的公共意识和利他精神，提高公共就业服务的针对性和效率。社会供给主体可以通过正式和非正式方式为农民工等弱势群体提供就业服务，使不同就业群体平等地交流就业信息、分享劳动知识和技能。社会主体参与就业服务供给主要体现在社会与政府合作供给和社会主导供给两个方面。在合作供给中社会供给主体与政府形成资金、项目等方面的合作伙伴关系，通过政府项目投标，社会供给主体获得资金等资源。社会主体负责具体就业服务供给，由政府或第三方机构进行成果验收或绩效评估。社会主体所拥有的人才、技术、信息可以弥补政府供给公共服务的缺陷，增强政府执政的合法性基础②。与政府合作供给中，社会组织由于在资金、组织上对政府的依赖，其服务供给行为受到政府约束，会影响其自主性的发挥。而在社会组织主导供给中，则完全依托民间自发力量运行。民间团体、自治组织等负责资金筹集、信息汇聚和服务提供，具有较高的互助性和独立性。

（四）多元供给主体

基本公共就业服务供给经历了政府单一主导、市场主体进入和社会主

① 苗红培. 多元主体合作供给：基本公共服务供给侧结构性改革的路径 [J]. 山东大学学报（哲学社会科学版），2019，235（4）：31-39.
② 史传林. 农村公共服务社会化的模式构建与策略探讨 [J]. 中国行政管理，2008（6）：56-59.

体进入的发展历程，政府、市场和社会多主体协同是公共就业服务供给的必然选择。基于劳动力就业需求的多样化和复杂化的现实，任何单一主体均无法满足全部就业需求。协同供给就是利用政府、市场和社会各主体的供给优势，并通过协商对话减少对公共就业服务的负面影响。政府供给主体的优势在于借助权威和权力推进公平分配，而效率低下、缺乏竞争是其主要的不足。市场供给主体则擅长通过市场交换优化资源配置，但因其对利益最大化的追求难以实现机会和分配公平。社会供给主体具有草根性和灵活性，能够满足劳动力的个性化需求，但缺乏独立性和可持续性。要形成政府主导、市场和社会参与的供给格局，需根据劳动力就业需求分类型、分层次进行供给。供给主体多元化可以形成具有竞争关系而又相互独立的权力中心，在各主体发挥各自优势的同时化解冲突和矛盾，形成合作共赢局面。

二、公共就业服务供给内容

在 20 世纪 90 年代前，我国公共就业服务主要涉及职业介绍、职业培训、失业保险和劳动就业服务四个方面。在社会主义市场经济体制确立后，我们对原有的公共就业服务体系有所调整，将再就业和就业培训统称为职业培训，在失业保险外增加医疗等社会保障项目。2007 年出台的《中华人民共和国就业促进法》明确规定，公共就业服务内容包括就业政策法规咨询，职业供求信息、市场工资指导价位信息和职业培训信息发布，职业指导和职业介绍，就业困难人员实施就业援助，就业登记、失业登记等事务，其他公共就业服务①。2021 年，国务院出台的《关于印发"十四五"就业促进规划的通知》规定，健全公共就业服务体系涉及就业创业政策咨询、就业失业登记、职业介绍、就业服务机构、职业指导、职业信息分析、创业指导、就业服务标准和人员设备配置②，并将我国公共就业服务内容分为制度、机构和能力三个层面。基于此，可以将我国公共就业服务内容概括为职业信息供给、职业与创业指导、职业培训和岗位开发四个方面。

---

① 中华人民共和国就业促进法 [M]. 北京：人民出版社，2007：1-21.
② 中华人民共和国中央人民政府. 国务院关于印发"十四五"就业促进规划的通知[EB/OL].（2021-08-23）[2023-04-21]. http://www.gov.cn/zhengce/zhengceku/2021-08/27/content_5633714.htm.

公共就业机构是公共服务供给的固定场所。改革开放前，就业机构主要由政府设立和管理。改革开放后，劳动力就业需求增大，出现了非公有性质的就业服务机构，形成了就业机构公有和私有并存的局面。就业机构肩负提供就业信息、筹办招聘会、开展就业培训等任务，发挥着市场和劳动力之间的中介桥梁作用，对政府、用人单位和求职者三方意愿的达成起到协调作用。目前，我国已建立了覆盖省、市、县和街道社区的公共就业服务机构，并配备了专业化人员。人力资源和社会保障部数据显示，截至2022年底，全国已有各类人力资源服务机构 6.3 万家，从业人员 104 万人，年营业收入达 2.5 万亿元，全年共为 3 亿人次劳动者和 5 268 万家次的用人单位提供了专业服务①。

（一）职业信息供给

公共就业服务职业信息供给主要包括两方面：一是岗位信息指引，二是就业政策信息咨询。岗位信息是劳动力实现就业的重要资源，劳动力市场中岗位信息的缺乏和不对称会造成劳动力受教育程度与岗位要求错配等结构性失业。对于农民工、残疾人等弱势群体来说，由于区域或城乡的分割，岗位信息更加稀缺。公共就业服务机构负责搜集合适的用工信息，推送给求职者，帮助其减少因岗位信息缺失而带来的求职成本。在岗位信息供给中，市场和社会主体亦发挥着重要作用。岗位信息是劳务公司或劳务中介招收和输送劳动力的重要资源，是其盈利的主要来源。劳务公司有动力招收劳动力，向用工企业输送。在实现公司盈利目标的同时，客观上促进了岗位信息的流通，成为众多小时工劳动力求职的方式。就业政策信息咨询是公共就业服务机构的主要职能，具有政策宣传和解析的作用。公共就业政策适用于所有劳动力群体和用工企业，公共就业服务机构要积极主动为其提供就业政策宣传，送政策上门。为求职者提供正确的政策解读，指导劳动力或用工单位了解适合自己的就业政策，如用工单位可以选择合适的方式公布招聘需求、业务内容等信息。

（二）职业与创业指导

职业与创业指导主要包括职业指导和职业介绍。职业指导是帮助劳动力根据自身情况设计职业规划、职业选择、工资定位等，使其顺利实现就

---

① 中华人民共和国人力资源和社会保障部. 2023 年一季度新闻发布会答问实录[EB/OL]. (2023 - 04 - 24)［2023 - 05 - 19］. http//www. mohrss. gov. cn/xxgk2020/fdzdgknr/zcjd/xwfbh/lxxwfbh/202304/t20230428_499258. html.

业的过程，包括技能评估、求职方法指导、培训方案设计以及创业指导等内容。目前，我国职业指导有学校指导和社会指导两种类型。学校职业指导主要针对大学生群体，设置职业指导规划课程，引导大学生树立正确的求职观和就业观。社会职业指导面向社会所有层面求职人员，根据求职者的求职需求，结合劳动力市场岗位信息，为劳动力制定合适的职业规划、求职方向等，帮助求职者找准自身在就业市场中的优势和不足。以创业带动就业是就业优先政策的重要导向。2018年，国务院出台的《关于推动创新创业高质量发展打造"双创"升级版的意见》提出推进创业带动就业能力升级，为农民工、大学生和退役军人创业提供税收减免、管理服务等支持，加大创业孵化基地建设。通过意愿征集，为有意愿参与创业的劳动力提供创业技能培训，为劳动力启动资金支持，帮助劳动力进行产品设计以及市场定位，并为培训合格的劳动力颁发创业资格证书。以加大双创示范基地建设激发劳动力的创业热情，以推广创业成功经验提升其创业能力。《中国创业孵化发展报告（2022）》的数据显示，2021年，全国创业孵化机构数量达15 253家。截至2021年底，国家级科技企业孵化器、地方行业协会累计开展全国创业孵化人才培训384期，参训学员达4.3万人。全国创业孵化机构在孵企业和创业团队接近69.8万家，共吸纳就业498.32万人，同比增长3.5%，其中应届高校毕业生50.1万人①。

（三）职业培训

在产业结构转型背景下，为避免被市场淘汰，劳动力的知识技能需要及时更新。职业培训是提升劳动力就业能力的重要环节。2010年，国务院下发《关于加强职业培训促进就业的意见》，指出建立健全面向全体劳动者的职业培训制度是实施扩大就业的发展战略、解决就业总量大和结构性矛盾、促进就业和稳定就业的根本措施，从岗位技能培训、创业培训、考核选拔等方面对职业培训进行了规范引导。20世纪90年代以来，我国先后制定了针对下岗职工的"再就业培训计划"、针对农民工转移就业的"阳光工程""春潮行动"计划、针对就业困难劳动力的"雨露计划"以及覆盖全体劳动力的职业培训计划。脱贫攻坚期间，"雨露计划"累计惠及800多万贫困家庭新成长劳动力，带动1 500多万贫困人口脱贫。2015

---

① 科学技术部火炬高技术产业开发中心.《中国创业孵化发展报告（2022）》发布[EB/OL].（2022-09-26）[2023-05-20]. http://dsjy.chinatorch.gov.cn/kjb/hjdt/202209/ba72e1e68bc946d7a80f48a8ab690bd6.shtml.

年至 2020 年，"雨露计划"毕业生所在家庭的户均工资性收入由 9 505 元增加到 38 790 元，累计增长 308%①。根据培训主体和内容不同，农业农村部、人力资源和社会保障部、教育部等部门均设立了职业培训任务板块，为劳动力技能提升提供全方位的培训支持。政府、劳动力、培训机构和用工企业是职业培训的核心利益主体。政府通过招标，选拔资质优异的培训机构作为职业培训的直接供给主体，为劳动力发放培训补贴，并根据培训合格情况拨付培训机构相应的培训经费，具体培训方式包括订单式培训、校企合作培训等多种方式，根据劳动力需求采取送培训上门或进入职业学校、企业培训等多种灵活的培训方式。

（四）岗位开发

岗位开发指设置公益岗位、以工代赈等由政府购买服务的就业方式。针对无法外出就业群体或弱劳动力群体，政府通过开发公益性岗位增加就业需求，为就业困难劳动力提供兜底保障。2019 年，人力资源和社会保障部与财政部联合出台的《关于做好公益性岗位开发管理有关工作的通知》指出，公益性岗位是由各类用人单位开发并经人力资源和社会保障部门认定，用于安置就业困难人员就业的岗位，具有托底线、救急难、临时性的属性，遵循按需设岗、以岗聘任、在岗领补、有序退岗的管理机制。脱贫攻坚期间，参加职业技能培训的有 929.5 万户，就读技工学校的有 47.6 万户，参加过招聘会或得到过政策咨询、职业指导、岗位信息推荐等就业服务的有 1 199.9 万户，享受过创业扶持的有 212.5 万户，在公益岗位工作过的有 409.8 万户，在扶贫车间工作过的有 80.5 万户，享受过外出务工交通补贴 330.9 的有万户②。以工代赈是通过投资公路、水库、农田等基础设施建设工程，为劳动力提供就业机会的就业促进政策。"十二五"期间，中央政府安排以工代赈资金 284 亿元，在贫困地区建设了一大批中小型公益性基础设施，为参与工程建设的贫困群众发放劳务报酬 33 亿元③。2021年，国家发展改革委联合财政部提前下达 2022 年以工代赈任务计划 40.5 亿元，撬动地方各类资金约 5 亿元，支持地方实施以工代赈项目 1 200 余

① 孙亚政. 狠抓"三联三提升"雨露计划结硕果 [J]. 中国乡村振兴，2022 (13)：34.

② 人民出版社. 中华人民共和国国民经济和社会发展第十四个五年规划和 2035 年远景目标纲要 [M]. 北京：人民出版社，2021：100-130.

③ 中华人民共和国农业农村部. 国家发改委：十三五启动实施重点革命老区振兴计划 [EB/OL].(2016-02-23)〔2023-04-3〕. http://www.moa.gov.cn/xw/qg/201602/t20160223_5026820.htm.

个，带动近 10 万农村脱贫群众和低收入人口等重点群体稳就业、促增收①。

第四节 公共就业服务供给存在的问题

改革开放以来，我国公共就业服务快速发展，由政府垄断式的供给发展为政府、市场和社会多主体供给，就业服务内容由消极保护向积极人力资源开发转变。进入新时代以来，我国公共就业服务还存在一些问题，还需要进一步完善和提升。

一、公共就业服务供给不足

伴随着产业结构转型推进，我国劳动力需求结构愈发复杂化。2022 年全国农民工总量为 29 562 万人，平均年龄 42.3 岁，50 岁以上农民工所占比重为 29.2%，比 2021 年提高 1.9 个百分点。其中有 45.1% 的农民工从事制造业或建筑业，大专及以上学历的占比 30.7%②。农民工群体呈现出老龄化趋势，由于受教育程度偏低，主要从事技能门槛较低的建筑业或制造业，在产业转型中遭遇结构性失业或收入下降风险更大。随着数字经济、共享经济时代的到来，大部分固定的工作模式被灵活就业、非正规就业所取代。2020 年，共享经济参与者人数约为 8.3 亿人，其中服务提供者约为 8 400 万人，同比增长约 7.7%；平台企业员工数约 631 万人，同比增长约 1.3%③。2021 年，我国灵活就业人员规模约为 2 亿人④。庞大而多样的劳动力群体，对应多元化的就业服务需求，对传统的就业信息供给、职业培训以及职业介绍提出了挑战。公共就业服务表现出总量和结构上的供给不足。

---

① 李心萍. 让脱贫人口端稳就业饭碗 [N]. 人民日报，2022-04-25 (14).

② 中华人民共和国中央人民政府. 2022 年农民工监测调查报告 [EB/OL]. (2023-04-28) [2023-05-26]. http://www.gov.cn/lianbo/2023-04/28/content_5753682.htm.

③ 国家信息中心国家电子政务外网管理中心. 中国共享经济发展报告（2021）[EB/OL]. (2021-02-19) [2023-05-30]. http://www.sic.gov.cn/News/557/10779.htm.

④ 中华人民共和国中央人民政府. 目前我国灵活就业规模达 2 亿人 [EB/OL]. (2021-05-20) [2023-05-08]. http://www.gov.cn/xinwen/2021/05/20/content_5609599.htm.

（一）公共就业服务财政供给不足

公共就业服务财政供给主要指中央和地方政府的财政预算供给。财政供给是公共就业服务得以实施的经济保障。从财政预算项目看，公共就业服务尚未单独列支财政预算，而是与社会保障合并列为社会保障和就业支出项目。从表3-1可以看出，2010—2021年我国社会保障和就业财政支出总量持续增加，从2010年的9 130.62亿元增加到2021年的33 788.26亿元。但社会保障和就业支出占预算总支出比重增幅较小，2021年为13.75%。相比于大多数国家社会保障支出平均占财政收入的30%~50%，我国社会保障和就业财政占比支出远低于世界平均水平[1]。社会保障和就业支出以地方预算支出为主，中央预算支出虽逐年增加，但占比相对较小。财政分权通过划分中央与地方的事权和支出责任，强化了地方政府在社会保障和就业领域的事权和支出责任，提高了财政资源配置效率，促进了社会保障和就业服务水平整体提升。在中国式财政分权下的社会保障和就业等转移支付中，各地方因经济发展不平衡、财政能力和人口规模不同，公共就业服务供给的质量也不均等。由于部分地方官员的短视行为，财政支出倾向于选择投资见效快的项目和板块，造成社会保障和就业财政支出不稳定。

表3-1 2010—2021年我国社会保障和就业财政支出状况

年份	一般公共预算总支出/亿元	社会保障和就业支出/亿元			社会保障和就业支出占预算总支出比重/%
		总支出	中央支出	地方支出	
2010	89 874.16	9 130.62	450.30	8 680.32	10.16
2011	109 247.79	11 109.40	502.48	10 606.92	10.17
2012	125 952.97	12 585.52	585.67	11 999.85	9.99
2013	140 212.10	12 585.52	585.67	11 999.85	8.98
2014	151 785.56	15 968.85	699.91	15 268.94	10.52
2015	175 877.77	19 018.69	723.07	18 295.62	10.81
2016	187 755.21	21 591.45	890.58	20 700.87	11.50
2017	203 085.49	24 611.68	1 001.11	23 610.57	12.12

---

[1] 范随，等.变化中的劳动力市场：公共就业服务［M］//劳动和社会保障部国际合作司，劳动和社会保障部培训就业司.北京：中国劳动社会保障出版社，2002：29.

表3-1（续）

年份	一般公共预算总支出/亿元	社会保障和就业支出/亿元			社会保障和就业支出占预算总支出比重/%
		总支出	中央支出	地方支出	
2018	220 904.13	27 012.09	1 184.55	25 827.54	12.23
2019	238 858.37	29 379.08	1 231.53	28 147.55	12.30
2020	245 679.03	32 568.51	1 119.98	31 448.53	13.26
2021	245 673.00	33 788.26	887.29	32 900.97	13.75

资料来源：2010—2021 年数据来自各年度《中国统计年鉴》，数据做四舍五入，保留两位小数。

（二）公共就业服务机构人员配备不足

公共就业服务机构是提供就业服务的中介组织，意在帮助劳动力更好、更快地实现就业。中国家庭追踪调查（CFPS）2020 年数据显示，熟人介绍和自己联系为受访者获取工作的主要渠道的占比超过 80%。通过职业介绍机构获得工作的劳动力占比不足 10%。非正规求职者的增加说明正规就业机构服务供给不足，或公共就业服务效率低，无法满足劳动力就业需求。根据艾瑞咨询研究院发布的历年《中国网络招聘行业发展报告》，网络招聘机构的市场营收规模从 2005 年的 5.6 亿元上升至 2019 年的 107 亿元，雇主数量相应地从 24 万家上升至 486.6 万家[①]。网络招聘的普及对公共就业服务机构形成了竞争性替代，更加凸显了公共就业服务机构的缺陷。公共就业服务机构缺乏顶层设计，机构人员不足，临时聘用工作人员多，其文化水平和业务能力有限，服务供给缺乏稳定性。公共服务就业机构的职能定位和内容界定不清晰，出现与养老保险服务、医疗保险服务相混淆的问题，没有突出就业服务的差异性和系统性。专业人员配备不足，服务能力有限。1996—2012 年，公共就业服务机构登记招聘人数从 926.1 万增长至 7 319.2 万，2019 年则下降为 5 105.4 万。登记求职人数从 1996 年的 1 178.2 万逐渐上升，到 2012 年达到 5 736 万，此后也呈现下降倾向，2019 年降至 3 365.4 万人[②]。由于公共就业服务机构在网络运用、信息搜集和传递中存在技术滞后性，未能及时适应数字经济的就业需求，相对于

---

① 柏培文.中国劳动要素配置扭曲程度的测量 [J].中国工业经济，2012（10）：19-31.

② 罗楚亮，刘盼.公共就业服务机构匹配效率及其地区差异 [J].管理世界，2022，38（7）：133-147.

网络招聘，公共就业服务机构对大学生、青年等就业群体的服务能力相对较弱，其服务对象主要为农民工、残疾人等弱势群体。在公共就业服务机构的设置中，人才交流和就业服务分属于两种管理系统，导致人才培养和就业推送各自为政，出现服务供给过度和服务供给不足并存的现象，无法满足各类公共就业和人才服务的需求①。

二、公共就业服务供给主体缺失

公共就业服务供给存在政府、市场和社会三种主体。在不同时期和制度背景下，三者的供给能力存在差异。在计划经济时期，政府是公共就业服务唯一的供给主体，统分统配的就业制度将市场和社会供给主体排斥在外。在市场经济时期，市场主体的重要作用凸显，社会组织的发展壮大，增强了其就业服务的供给能力。在就业服务需求越来越复杂背景下，公共就业服务供给主体缺失的问题凸显。

（一）公共就业服务供给主体碎片化

供给主体碎片化是指参与服务供给的政府部门、企业、社会组织等主体间缺乏成熟的合作机制，没有达成一致的服务供给目标。不同供给主体从自身利益出发，进行服务供给方案设计。碎片化本质上是各参与主体相互分离，在运作程序和资源方面缺乏共享而形成冲突。供给主体碎片化可分为政府内部碎片化和政府与其他主体间的碎片化。政府内部不同部门由于职责和权力不同，彼此间缺乏信息等资源共享。如在就业群体信息统计中，就业局和人力资源社会保障局的数据库并非完全相通。部门间的区隔使公共就业服务可能存在重叠或缺漏，造成行政资源浪费。政府的主导作用，使市场和社会主体在提供就业服务过程中容易出现对政府过度依赖或依附的情况，按照政府要求提供服务。市场和社会主体的参与能力有限，尤其是社会组织方面，足够数量的、能够形成竞争态势的社会组织明显缺乏，现有的部分社会组织为取得与政府合作机会主动采取一些"策略"来迎合政府设置的隐性进入门槛，使自身演变为政府部门的附属机构②。能够独立进行公共就业服务供给的企业、社会组织较少，在服务范围和内容上有很大的提升空间。

① 刘洋.公共就业和人才服务机构整合研究［J］.中国行政管理，2018，400（10）：46-50.
② 吴月.社会服务内卷化及其发生逻辑：一项经验研究［J］.江汉论坛，2015（6）：131-137.

（二）公共就业服务主体权责模糊

对公共就业服务的供给，政府负有主导责任。经历市场化和社会化发展，市场和社会组织进入公共就业服务领域，在承担部分服务的同时，也增加了权利和责任界定的难度，出现政府、市场和社会主体间责权模糊，协同供给整体效用不足。多主体参与供给是指政府履行供给责任的范式由直接供给转变为间接供给，并不意指政府可以削减或放弃公共供给责任[1]，高质量的就业服务仍高度依赖政府的直接供给。市场主体基于利益最大化原则，偏好生产、供给高利润的服务产品，而对大众化的就业服务供给缺乏积极性，这样容易导致就业服务供给不均衡，部分服务供给过度，部分服务又供给短缺。而公益性的社会主体由于发展不充分，其就业服务供给能力有限。公共就业服务目标的实现依赖于政府、私营部门以及社会组织间的分工明确、各司其职[2]。实践中政府依然占据主导地位，其他主体根据获利程度选择参与或拒绝，缺乏主体和责任意识。服务供给主体多元化，增加了监管难度，需要多个部门进行联合监管。由于业务系统不兼容、信息沟通不畅通、数据非共享等，出现监管多头化、分散化和形式化。在监管不力的情况下，各主体为获取利益，易出现违规行为。我国公共就业服务尚未划定好政府与市场、政府与社会间的职能界线，服务类型的主体划分以及服务市场化和社会化程度等问题。政府较难实现合作与监管的平衡，与市场和社会组织关系过于紧密会阻碍监管进行，过于严格执行监管则容易造成合作关系破裂。

三、公共就业服务供给与需求不匹配

劳动力的就业需求是公共就业服务供给的基本依据，供给与需求的匹配程度决定了劳动力对公共就业服务的满意度和就业服务的效率。我国公共就业服务供给与需求之间存在不匹配问题。

（一）就业服务需求表达渠道不畅

公共就业服务需求表达是劳动力就自身利益提出要求的过程，需求是服务数量、结构、种类的依据。公共就业服务表达渠道就是为劳动力提供制度化或非制度化利益诉求表达的方式。搭建合理可行的需求表达渠道是

---

① 李蕊. 公共服务供给权责配置研究 [J]. 中国法学, 2019, 210 (4)：128-144.
② 詹国彬. 公共服务逆向合同外包的理论机理：现实动因与制度安排 [J]. 政治学研究, 2015 (4)：106-117.

实现公共就业服务供需平衡的前提条件，能够充分显示出劳动力对公共就业服务的期望，提高服务供给效率。在传统的自上而下的供给体系中，劳动力通常作为就业服务的接受者，缺乏需求表达的权利。在现代社会中，政府制定了参与政策，激励劳动力表达就业需求。但在实际过程中存在表达渠道不畅通、表达意愿不强烈等问题。一方面，公共就业服务的供给需要与财政能力和大政方针保持一致，由于有效信息沟通渠道和反馈机制的缺乏，公共就业服务可能会偏离劳动力群体的实际需求，出现片面化和主观化。另一方面，劳动力缺乏必要的政策信息和理解能力，在出现就业服务需求时，缺乏表达需求的意识或者不知道该如何表达需求。需求表达渠道不通畅会导致难以及时响应或匹配个体的差异化需求，造成供给与需求不匹配，削减就业服务效果，从而打消劳动力表达诉求的意愿。

（二）公共就业服务供给内容灵活性不足

在新就业形态下，劳动者就业呈现出劳动关系灵活化、工作内容多样化、工作方式弹性化、工作安排去组织化等新特征[1]。传统的依托单位组织和正规劳动关系的就业服务难以适应新的就业需求。灵活就业或打零工会使劳动力面临更大的失业、工伤、过度劳动、保障缺乏的风险，需要就业服务从制度、法律等方面提供支持和帮助。2020年，国务院出台的《关于支持多渠道灵活就业的意见》提出，从推进新职业发布、开展针对性培训、优化人力资源、维护劳动保障、加大困难人员帮扶力度方面为灵活就业群体提供就业保障支持。但目前我国在为灵活就业或非正规就业提供公共服务方面还处于尝试和探索阶段，尚未形成完善的供给机制。党的十九大报告指出，"人民美好生活需要日益广泛，不仅对物质文化生活提出了更高要求，而且在民主、法治、公平、正义、安全、环境等方面的要求日益增长"[2]。劳动力就业需求从满足基本生活向就业质量综合提升转变，需求呈现多维度和多样化趋势。现有公共就业服务依然围绕正规就业群体等展开，服务内容和模式相对固定。在平台经济用工模式下，劳动力和用工企业对网络技术运用提出了较高要求。人工智能、区块链、云计算、大数据等信息技术在公共就业服务中使用有限：一方面是缺少专业技术人员进

---

① 徐新鹏，袁文全. 新就业形态下灵活就业群体劳动权益保障研究［J］. 中州学刊，2023，313（1）：61-69.

② 本书编写组. 决胜全面建成小康社会 夺取新时代中国特色社会主义伟大胜利：党的十九大报告单行本［M］. 北京：人民出版社，2017：7.

行技术开发和运行维护；另一方面是对技能和运用的管理变革未实现同步推进，导致技术利用效率低下。例如，各地区虽然都使用了网上应用平台，却存在不同机构间应用端口相互独立、功能重叠等重复建设问题。如何利用数字技术识别并聚焦于劳动力的就业需求，实现人员、组织等多维信息匹配，是公共就业服务亟须攻克的难题。

四、公共就业服务供给不均等

2017 年，国务院出台的《关于印发"十三五"推进基本公共服务均等化规划的通知》提出了基本公共服务均等化，它是指全体公民都能公平可及地获得大致均等的基本公共服务，其核心是促进机会均等，重点是保障人民群众得到基本公共服务的机会。创业服务、职业培训、劳动关系协调和劳动权益保护等是基本公共就业服务均等化的重点。我国公共就业服务供给能力和水平在较长一段时期内已得到提升，同时也面临发展不平衡、不充分的挑战，在城乡、区域与群体之间还存在非均等问题。

（一）公共就业服务城乡供给不均等

公共就业服务城乡差距受我国城乡二元结构的影响。在新中国成立初期，政府通过工农业产品价格剪刀差为城市发展提供原始积累，公共资源主要集中在城市，由此造成我国城市公共服务无论是在资源布局还是服务质量等方面都明显优于农村地区，进一步加大了城乡公共服务方面的差距。这突出表现为城乡公共服务质量供给差距大，乡村公共服务供给数量不足、覆盖率不够①。就业服务城乡非均等，会进一步加剧城乡二元结构分化，加大城乡间经济差距。相对于城市劳动力，农村劳动力普遍存在受教育水平低、专业技能缺乏、健康状况差等特点，对职业信息、职业培训的需求更大。但由于农村劳动力数量多、居住分散且流动性强，公共就业服务供给单位成本过高、可及性低。对于从事农业生产的农村劳动力而言，虽然有土地，但生产资料难以满足发展需要，无法实现富裕。他们当中一些人处于不充分就业的状态②。各级政府在供给就业服务中具有城市偏好。城市劳动力群体对政府具有较大的影响力，农村劳动力在政治上讨价还价的能力相对较弱。城市具有劳动力规模效应，在就业服务供给中具

---

① 赵春蕾. 我国基本公共服务均等化路径研究 [J]. 经济纵横，2015, 361 (12): 18-21.

② 何文炯. 共同富裕视角下的基本公共服务制度优化 [J]. 中国人口科学，2022 (1): 2-15, 126.

有低成本、高收益的比较优势①。经济发展水平越低，城乡公共服务差距越大，经济落后地区长期面临经济赶超压力，发展成果难以向农村延伸②。

（二）公共就业服务区域供给不均等

公共就业服务均等化要求所有地区都能享受到水平相当的公共服务。在先富带动后富的发展过程中，我国经济发展基本形成了东部、中部和西部三大区域，经济总量占比依次递减。基于自然环境、经济水平差异，我国公共就业服务供给在东部、中部和西部地区间存在不均等。东部地区公共就业服务供给水平显著高于中西部地区。在地区内部不同省份间，公共就业服务供给水平亦存在差距。东部地区的公共就业服务在供给效率、管理效率等供给能力上也优于中西部地区。中西部地区侧重于公共就业产品与服务的投资，东部地区更注重公共就业服务本身，即东部地区更注重公共就业服务管理和人的建设，中西部地区更注重公共就业服务设施的建设，如城乡社区事务支出是为人民群众服务最直接、最现实的公共就业服务③。

（三）公共就业服务群体供给不均等

公共就业服务面向所有劳动力群体，但在政策实践过程中，劳动力常因户口类型、岗位性质、性别等因素而存在机会上的差别。公共就业服务多根据户口进行劳动力分类，提供岗位培训等服务，要求劳动力参与户籍地服务项目。第七次人口普查数据显示，2020 年全国人户分离人口为49 276万，流动人口达到 37 582 万。流动劳动力无法享受户籍地服务，又无权参加就业的项目，造成供给与需求不匹配。许多地区将农民工就业服务与本地劳动力就业服务相区分，造成农民工与本地人在职业信息获取、职业培训、职业保障等方面出现不平等。户口成为机会、权利、服务不均等的惯性依据。处于不同岗位的劳动力，享受的就业服务水平不同。相对于非正规就业群体，正规就业群体拥有更多职业培训、养老和医疗等社会保障。与男性相比，女性在劳动力市场中处于弱势地位。用工企业在招用女性劳动力时条件更加苛刻，在供给就业服务中存在隐形的性别排斥，导致女性劳动力受到不公平对待。

---

① 陆铭，陈钊. 城市化、城市倾向的经济政策与城乡收入差距 [J]. 经济研究，2004 (6)：50-58.

② 缪小林，高跃光. 城乡公共服务：从均等化到一体化：兼论落后地区如何破除经济赶超下的城乡"二元"困局 [J]. 财经研究，2016，42 (7)：75-86.

③ 熊兴，余兴厚，王宇昕. 推进基本公共服务领域供给侧结构性改革的路径择定 [J]. 当代经济管理，2019，41 (1)：44-53.

第五节　公共就业服务高质量供给的实现路径

党的十九大报告指出，人民日益增长的美好生活需要和不平衡不充分的发展间的矛盾是我国的主要矛盾，经济发展由高速增长向高质量增长转变。高质量发展是全面建设社会主义现代化国家的首要任务①。进入"十四五"时期，高质量成为中国式现代化的本质要求，为公共就业服务发展指明了方向。从供给数量到供给质量的转变，要求公共就业服务在供给路径上做出调整和完善。

一、改善公共就业服务供给的宏观环境

（一）提升公共就业服务供给的制度环境

坚决贯彻落实就业优先政策，在执政为民的理念中强化"就业是民生之本、财富之源""就业是最基本的民生""人力资源是发展的第一资源"的意识。各项工作对就业岗位的影响要坚持"有减必有加，先加后减，加大于减"的原则②。始终将就业放在政策制定和实施的重要位置，在中国式现代化发展目标指导下，制定符合中国国情的就业服务短期和中长期目标，将稳就业、高质量就业作为发展的最终取向，增强公共就业服务的政治势能。完善公共就业服务政策体系，统筹规划顶层设计。推进公共就业服务法治化进程，根据新环境、新形式及时修订和完善《中华人民共和国就业促进法》等专项法律法规，保护劳动力在就业机会、就业环境、薪酬待遇等方面的合法权益。学习、借鉴国际经验，出台针对农民工、大学毕业生等弱势群体的行业标准。制定涉及外卖员、快递员等新业态就业群体的工作时间、雇佣关系、工作保护等的劳动标准，监督用工企业严格落实用工管理规定，保障就业者的工资待遇、休息休假的权益。增强公共就业服务供给的法律管控，做到各个环节有法可依、违法必究，保障公共就业服务的机会公平、过程公平和结果公平。

---

① 韩保江，李志斌. 中国式现代化：特征、挑战与路径 [J]. 管理世界，2022，38（11）：29-43.

② 莫荣. 就业优先实现从战略到政策的转变 [N]. 光明日报，2022-05-31（5）.

（二） 创造公共就业服务供给的经济环境

创造旺盛的劳动力需求是提升公共就业服务效率的关键。继续坚持社会主义市场经济制度，发挥市场在劳动力配置中的决定性作用。进一步深化"放管服"改革，优化营商环境，聚焦市场主体的困难，制定针对性服务方案，保护市场主体的合法权益，促进民营企业发展壮大。简化企业投资建设的行政审批流程，降低中小微企业创办门槛。通过降低税率、加大税收减免额度、延长纳税期限、调整社保缴费基数和降低社保费率等，为中小微企业减负。鼓励符合条件的中小微企业参与政府采购招标，以政府购买等形式推动中小微企业发展。鼓励大中型企业向中小微企业转移外包生产，对劳动力吸纳能力强的企业给予招投标优先权支持，为增加岗位需求提供源头活水。加快产业结构转向，构建人工智能、数字技术、新能源等增长引擎。推动服务业向优质高效转型，与先进制造业和现代农业共同发力，创造适合不同素质劳动力的就业岗位。引导市场向就业友好型发展，规范企业招聘和用工行为，消除因城乡、区域、性别等因素造成的就业歧视。助力灵活就业发展，加快组织型就业向自主型就业转变的速度，充分发挥数字经济、平台经济的岗位创造作用，突破工作时间、工作地点对劳动力就业的限制，给予就业群体更多的自主选择权。

二、健全公共就业服务供给内容体系

（一） 增加公共就业服务财政供给

根据经济发展情况和财政能力适当增加公共就业服务财政预算，确保刚性财政支持与服务需求匹配。明确公共就业服务中岗位培训、创业培训以及岗位开发的资金使用规划，防止预算与国家要求、与本地实际脱节，确保预算资金用到实处。协调中央和地方财政资金支持力度，在强化地方财政预算责任的同时，增加公共就业服务预算在中央财政支出中的比重，使中央与地方财政支持协同发力。完善公共就业服务财政资金监管机制，清理沉淀资金，廓清可用资金规模，严格按照规划安排资金使用。对未按照资金规划提供服务，以及服务项目无实质性进展的，要依法依规收回财政拨款，对挪用或滥用资金的行为追究法律责任。优化财政供给结构，为缩小公共就业服务在城乡、区域和不同群体间的差距，财政资金支持应紧密联系实际，在满足一般性资金拨付的基础上，适当向经济发展水平低的农村地区倾斜，加大对弱势群体的财政支持力度，促进财政公平。在公共就业服务项目支出中，应加大保障型项目，如公益岗位开发、失业补助等以及发展型项目如岗位培训、创业培训等的财政支持力度。增加岗位培训、职业介绍等提升就业能力、激发就业内生动力的项目的财政资金比重，提升资金使用效率，避免出现转移支付排斥劳动力就业现象。

（二）构建公共就业服务多主体协同供给

多主体协同是公共就业服务发展的必然趋势。只有积极吸纳市场和社会主体参与服务供给，才能不断提升公共就业服务质量，满足复杂化、多样化的就业需求。处理好政府、市场和社会主体的关系，明晰权利和责任界限，准确找准定位是推动公共就业服务协同治理的关键。政府在公共就业服务供给中具有主导作用，在制度规划、政策颁布方面发挥核心作用，为市场和社会组织参与公共就业服务供给创造良好的政治环境，协调不同主体间的矛盾和冲突，监督、规范市场和社会组织的供给行为，以公共性调整其他主体的逐利性，推动各供给主体达成一致目标。创新市场和社会参与供给机制，通过政府购买、服务外包、授权等方式，完善多元主体参与供给机制。赋予市场和社会主体决策权、话语权等权利，充分尊重各主体利益。采取特许经营、奖励、补贴等方式，鼓励企业、社会组织或个人投资公共就业服务，拓宽融资渠道。发挥不同主体的专业优势，合理分配服务板块，如发挥劳动中介公司的信息整合、传递优势，提供岗位信息供给服务，吸纳职业院校专业师资力量，为劳动力提供技能培训等。大力支持企业和社会组织等主体发展，提升其参与公共就业服务供给的能力。

（三）提升公共就业服务机构和人员配备

政府应定位于服务型政府，统筹规划省、市、县不同层级的公共就业服务机构，廓清公共就业服务机构的职能，履行提供公益性服务的责任。引导服务机构向基层延伸，扩大服务覆盖范围。提升街道和社区公共就业服务机构配备，加大宣传力度，使更多劳动力了解机构的作用和职责，增加基层服务机构的参与率。对服务项目进行分类管理，处理好市场化和社会化的关系。通过将专业性较强的服务业务转移给企业或社会组织，确保公共性、基础性服务的供给效率。整合功能相似的机构部门，保留核心基础性服务，提高财政资金和人员编制的利用效率。为机构工作人员合理划分工作内容和职责，分类、分组开展工作，提升服务专业性和效率。加强公共就业服务机构信息化建设，引进人工智能、大数据等技术，建设区域内部和区域间互通互联的信息服务数据库和平台。通过数据算法精准匹配工作岗位和求职劳动力，以微信、微博等方式进行岗位信息推送，扩大公共就业机构的服务范围，节省人力资本，实现资源共建共享。加快培养就业服务专业人才，如职业规划员、信息分析员等。设立职业指导等级证书，激励更多人加入就业服务专业供给队伍，提升服务人员的知识、技能和职业资格标准。

（四）建立公共就业服务需求表达机制

征集劳动力需求、畅通公共就业服务需求表达机制是提高服务供给质量的前提。通过入户调查、会议征集以及网络留言等多种方式，收集劳动力需求。通过研判和整合，形成具有代表性、普遍性的共性需求。例如，开发技能培训课程、制定工种方案等均需要契合劳动力的就业需求，应该选取市场需求大、受劳动力欢迎的工种进行培训。倾听劳动力尤其是其中的弱势群体的声音，培养劳动力的主体意识和参与热情，积极反馈自身的需求。引导劳动力通过合法、民主的渠道表达自身利益诉求，创造立体、开放、多元的实体和网络空间，减少劳动力需求表达成本，缩短供给与需求间的时空区隔。

三、推动公共就业服务供给均等化

（一）推动城乡公共就业服务供给均等化

缩小城乡间公共就业服务供给的财政和制度差异，实现公共就业服务城乡供给一体化。在推动城镇化进程中，为进城农民工提供岗位信息、职业培训以及创业指导等服务。增加对农村劳动力的服务支持力度，确保失业保险、工伤保险等的参与率，为农村劳动力提供基础兜底保障。逐步推进户籍制度改革，打破农村劳动力享受城市公共就业服务的限制，促进城乡劳动力平等就业。增加对农村劳动力职业技能培训的资金支持，为失地劳动力、进城劳动力提供技能提升机会，帮助农村劳动力及时更新技能水平，提升人力资本和岗位竞争力。筛选适合农村劳动力的就业岗位，实现岗位信息精细化推送，缩短农村劳动力求职时间，减少摩擦性失业。借助劳务介绍、组织输送等方式，为农村劳动力提供就业流动渠道，提升其就业积极性和主动性。为流动劳动力提供廉租房等住房保障，确保随迁子女可以正常享受教育、医疗等保障服务。打破城乡二元结构，加强城乡顶层规划融合，在岗位开发、职业介绍、职业培训等方面整合城市和农村资源，实现城市和农村劳动力流动对接。为城市就业服务资源下乡提供渠道，鼓励企业、公益组织等自发提供就业服务，均衡城市和农村就业资源。依托乡村振兴战略，壮大农村公共就业服务供给人才队伍，提高服务质量。

（二）推动区域间公共就业服务供给均等化

在推动东部、中部与西部公共就业服务供给均等化过程中，由于中央财政能力有限，地区间需求差异较大，无法单纯依靠从中央到地方财政的纵向转移支付。供给均等化的实现需要财政支付纵向转移和横向转移相结合。发动东部经济发达省份以对口支援、投资建设等方式，向中部尤其是西部地区转移资金、技术、人才等资源。如东部省份对口支援西部地区，积极吸纳西部地区劳动力到东部省份就业，并为其提供住宿、差旅等就业补贴。东部地区有能力也有义务支持中西部落后地区发展，而这也为东部地区提供了廉价劳动力。在产业结构转型中，积极吸引东部地区劳动密集型企业向中西部地区转移，这既为东部地区产业升级提供了空间，又能扩大中西部地区劳动力市场，扩大岗位需求。准确研判不同区域公共就业服务供给水平，改革传统公共就业服务硬件设施简单均衡的思路。从劳动分工和流动角度，创新区域间服务资源配置模式。提升再分配统筹层次，突破区域和行政区划格局限制，以京津冀、长三角、珠三角、成渝等城市群建设为依托，优化区域间就业服务资源布局，引导岗位信息、岗位培训等资源在不同区域间自由流动、均衡分布，在有条件的中西部地区培育发展新的就业带动引擎，实现公共就业服务的跨区域供给。

（三）推动群体间公共就业服务供给均等化

推进劳动力市场的法治化进程，以公共就业服务供给消除户籍、性别等造成的就业歧视。针对非正规就业、灵活就业群体，加大服务供给力度，对过度劳动、工作保障缺乏、雇佣关系模糊等现象提供法律援助，维护劳动者合法权益，促进就业的公平公正。改革户籍制度，消除城乡间户籍壁垒，进一步放宽对流动劳动力落户、购房、参与社会保障等方面的限制。按照权利义务对等原则，保障农民工享有职业晋升、工作保障的权利。维护灵活就业或非正规就业等新业态劳动群体的权益，加强对用工平台的监管，坚持事实优先原则，避免因隐蔽性劳动关系出现平台企业规避责任、转移用工风险现象。发挥工会对公共就业服务的作用，创新农民工、新业态劳动者、女性等就业者加入工会渠道。构建灵活多样的运行机制，包括对用工企业或平台的监督反馈机制、劳资沟通协商机制以及维权基金保护机制等。动员企业、志愿组织或个人，参与公共就业服务供给，为弱势群体提供更多优质就业资源，推动就业服务供给均等化。

第四章 城市社区公共服务供给与治理

随着我国社会经济的快速发展，人民的生活水平日益提高，社区居民的需求层次也不断提升，"温饱型"阶段开始过渡到"发展型"阶段。在这种时代背景下，对传统的计划经济条件下形成的"供给主导"型公共服务方式及体系的改革呼之欲出。尤其是在经济发达的国际化大都市，"顾客导向"更为明显，社区建设与发展随之出现了一系列新矛盾和新问题，这就给传统的公共服务系统提出了挑战。政府作为城市社区公共产品供给的重要主体，其供给机制越来越不能适应社区需求的变化。本章通过对上海市徐汇区公共服务"组团式走访"及研究，从城市社区公共产品供给需求的积极响应机制、供给决策机制、资源筹措机制和监督机制四个方面剖析了政府跨部门、跨层级协同供给城市社区公共产品的现有问题和成功经验，并在此基础上进行了反思，进而提出优化社区公共服务供给机制的意见和建议。

第一节 社区公共服务体系建设

一、我国社区公共服务发展历程

在西方社会，社区公共服务是作为资本主义社会福利的形式诞生的，其主要目的是解决社区中出现的贫困问题和温饱问题，以缓和资本主义社会难以调和的矛盾①。而在我国，城市社区公共服务是伴随着我国经济社会大转型诞生的。

在计划经济时期，现代意义上的"社区"还不存在，企业的"家属

---

① 代明，袁沙沙. 国内外城市社区服务研究综述 [J]. 城市问题，2010 (11)：25-33.

区"是主要的基层社会居住形态，因此这个范围内的公共服务主要由所属企业包办提供①。在改革开放过程中，单位制逐渐解体，单位已经无法承载提供城市社会福利的职能，传统的城市街区开始拓展其服务职能。20世纪80年代，政府提出了"社会福利社会化"的福利政策方向，作为国家代理人的企事业单位所承担的福利功能逐渐弱化，作为社会福利服务重要内容的社区公共服务也走上了社会化的发展道路，成了我国社会发展和公共管理的重要议题②。但在当时，社区公共服务的主要对象限于老人、残疾人、优抚对象等特殊困难群体，从单位制中脱离出来的社会人群存在大量和多元化的需求亟待得到满足。

因此，为了解决后单位制时代社会福利供给不足的问题，同时也回应市场经济建设中放松政府管制、开放多元化经济形态的需要，社区公共服务的概念也和"社会化""市场化""产业化"等理念紧密地联系在一起。1993年颁布的《关于加快发展社区服务业的意见》甚至提出了社区服务业的发展方向是"社会化、产业化、法治化"，其"产值每年要以13.6%的速度增长"的明确目标③。这也反映了在福利社会化的大背景下，政府期待通过吸纳市场与社会等多方资源建立持续性、自主性社区公共服务体系的目标和愿景。

进入21世纪后，我国社区服务实现了重大调整，政策上不再提"社区服务业"，也不再强调社区服务的经济效益，转而更加注重社区服务的公共性，强调要发展社区公共服务，尤其要发展针对弱势群体的服务等。但同时，社区公共服务主体的多元化理念并没有被抛弃。例如，2000年发布的《关于在全国推进城市社区建设的意见》就明确了资源共享、共驻共建是开展社区建设和社区服务的重要原则。这也是受到当时开始得到运用与推广的社区公共服务治理理论的影响。包括一些新兴草根社会组织在内的社会力量成为社区公共服务的重要提供者，不仅有效补充了政府服务能力和覆盖面的不足，也一定程度上拉近了政府与社会之间的距离，起到了

---

① 刘杰. 从行政主导到福利治理：社区服务的范式演变及其未来走向 [J]. 新视野, 2016 (5)：92-97.

② 陈雅丽. 城市社区服务供给体系及问题解析：以福利多元主义理论为视角 [J]. 理论导刊, 2010 (2)：13-15.

③ 夏建中. 从社区服务到社区建设再到社区治理：我国社区发展的三个阶段 [J]. 甘肃社会科学, 2019 (6)：24-32.

政府与各种利益群体之间沟通的桥梁和纽带的作用①。这一时期,我国社区公共服务生产逐渐呈现政府主导、社会参与的新格局。

二、基于"政府—市场—社会"的现有社区公共服务供给模式

改革开放以来,我国城市社区公共服务供给经历了从政府包办到提倡市场化运作,再到政府主导下社会广泛参与的模式变迁。受实践样态的影响,现有的文献主要在"政府—市场—社会"的专业生产者分析范式基础上探讨我国社区公共服务供给的主体、过程和成效,并总结和提炼了三种主要的模式。

(一)政府生产模式

政府生产模式指的是由政府部门直接生产和供给社区公共服务的模式。政府部门的性质与职能决定了其在社区公共服务供给中的主体地位。政府负有满足社区公共服务基本需求的职责,并通过提供公共服务来解决"市场失灵"的难题。尤其是在对弱势群体的社会福利与托底保障方面,政府有责任来维系社区中的公平与正义②。此外,政府在经费、合法性和规模经济等方面的相对优势,更使得政府生产成为社区公共服务最具主导性的生产模式③。

已有研究进一步发现,政府除了直接生产社区公共服务之外,还可以通过多种途径促进社区公共服务生产。第一,政府可以发挥规范作用,在宏观上制定法律法规政策等,为社区公共服务提供法律保障和合法性依据,并通过对社区公共服务的监督工作,防止一些组织过分逐利而偏离服务的宗旨和方向。通过搭建和完善制度框架与平台,政府不仅能够有效生产和提供社区公共服务,也能够有效约束和规范社区公共服务情境中的其他相关行动者。第二,政府也可以通过协调管理的角色,对内明确各部门在社区公共服务中的职能定位,对外调动社会相关组织和个人为社区提供服务,从而形成推动社区公共服务建设的合力。通过政府的协调管理,不同的社区服务参与者不仅可以降低交易成本,也能够在社区公共服务这一

---

① 陈洪涛,王名. 社会组织在建设城市社区服务体系中的作用:基于居民参与型社区社会组织的视角 [J]. 行政论坛,2009,16(1):67-70.

② 李迎生. 对中国城市社区服务发展方向的思考 [J]. 河北学刊,2009,29(1):134-138,144.

③ 冯猛. 城市社区服务的供需匹配:模型构建及其应用 [J]. 福建论坛(人文社会科学版),2016,285(2):142-150.

有限竞争的市场中在一定程度上实现资源的有效配置，及时地回应公众需求。第三，政府也是社区公共服务队伍的培育者。政府可以通过舆论宣传，积极倡导社区服务理念，动员社会力量参与社区公共服务建设，吸引专业化人才进入社区公共服务队伍，加强培训工作，提高社区公共服务人员的素质与技能。

可见，已有研究往往将政府生产供给视为社区公共服务最为核心的生产模式。社区公共服务领域是不完全竞争市场，同时社会力量也尚未发育健全，因此政府常常不得不承担起主导性角色。在这种逻辑下，已有研究必然围绕着如何提升政府在社区公共服务中的领导力和生产效率展开深入讨论，以期提升社区公共服务生产的质量与绩效。

（二）市场生产模式

此处的市场生产模式是指由企业生产社区公共服务的模式。如前所述，1993 年《关于加快发展社区服务业的意见》发布之后，市场化就成为我国社区服务生产和发展的重要方向，市场机制开始在社区服务供给中起到重要作用。特别是受到民营化和新公共管理运动的启发，企业等市场主体开始成为社区公共服务的关键生产者。例如，市场化的物业管理就有效地填补了单位制解体之后社区住宅管理方面的空白，并初步培育了人们的物业消费意识①。

企业在市场生产模式中遵循市场竞争的逻辑，在社区公共服务的生产中效率更高，还拓宽了社区居民的选择范围。在市场的供需匹配机制中，企业能够为社区公共服务筹集众多资源，满足单一的政府生产模式无法覆盖到的服务需求，增加了社区公共服务的多样性。另外，基于社会责任，部分企业还对特殊人群服务、社区环境改善等项目进行资助，促进了这些项目的发展。这些都使得市场化成为社区公共服务发展的一个重要趋势，在满足社区公众的多样化需求方面起到了重要作用。

然而，市场化和产业化也并非包治百病。例如，市场化运作的物业管理就出现了管理主体严重错位、市场机制长期失灵、与公共服务边界不清和管理制度基本失效等诸多问题。一方面，在小规模、封闭化的居住小区中，充分的市场竞争很难形成，市场调节机制受到很大程度的抑制。另一方面，在市场化的导向下，许多本来应由政府提供的社会服务也没有得到

---

① 张农科. 关于我国物业管理模式的反思与再造 [J]. 城市问题, 2012 (5): 2-14.

充分发展，部分地方政府和街道办事处甚至给社区居委会下达经济创收指标。当然，由于区域限制及经营能力的缺乏，这些社区服务业往往经营不善，经济效益无法实现，其福利性质也被忽略。因此，许多研究都开始对市场化导向的社区公共服务提出反思与批评，认为福利属性和公益属性依然是社区公共服务的根本属性，而市场生产模式则应主要被运用到一些非福利、非公益类型的社区服务中，以满足居民在基本需求之外的其他物质文化需要。

（三）社会生产模式

社会生产模式指的是由官方主办的公益性机构、草根型非营利机构、居民自组织等社会组织生产社区公共服务的模式。受到治理理论的影响，许多国家都越来越重视社会力量在公共服务生产中的作用。21世纪以来，我国涌现了大量社会组织，在社区服务中发挥了十分重要的作用。社会生产模式的相对优势在于其公益性、专业性、社会性和系统性。社会组织的灵活性和创新性使其能够对社区居民的多样化服务需求做出及时、恰当的反应，拓展了社区公共服务的项目和内容。尤其是在扶贫济困、助老助残等社区服务项目中，社会组织所具有的资金、人力、物资等资源还可以在一定程度上弥补政府投入的不足。这也明显激发了政府积极向社会组织购买服务或者扶持社会组织参与社区公共服务的热情。

近年来，我国参与社区公共服务的社会组织的数量和类型日益增多，出现了志愿者组织、社区居民协会等社会组织。居民自组织是指社区居民通过自主化组织起来的群体供给社区公共服务的形式，其规模可大可小，主要以社区内居民互助为主要特征。已有研究发现，这些组织所主导的社会生产模式不仅动员了社区居民的广泛参与，还为社区居民参与社区公共服务提供了多样化的组织渠道和制度空间。因此，一些研究提出，社区社会组织应该成为构建社区服务体系的主导性力量①。

但社会生产模式也存在明显的短板和问题。尤其在我国，社会组织对政府的依赖程度较高，往往无法独立开展各类公益服务，需要依靠政府的财政和组织制度资源。因此，社会组织存在被行政吸纳和行政借道的风

---

① 陈洪涛，王名. 社会组织在建设城市社区服务体系中的作用：基于居民参与型社区社会组织的视角 [J]. 行政论坛，2009，16（1）：67-70.

险①。部分社会组织不仅存在"志愿失灵"的问题，其运行和发展还受到行政力量的影响。另外，由于社会组织总体上规模较小，对于社区而言也未必能形成充分的服务多样性，有时甚至可能使社区产生路径依赖。所以，尽管社会组织参与对于社区公共服务具有重要的意义，但社区公共服务的社会生产模式依然存在着一些现实矛盾。因此，许多研究建议政府在社区中积极引导和培育社区社会组织，从而形成更有活力的社区公共服务社会参与格局。但如何激活社会参与，尤其是激发社区居民在社区公共服务中的积极行动，是一个仍待解决的问题。

三、社区公共服务供给研究述评

政府生产模式、市场生产模式和社会生产模式不仅为社区居民提供了不同层次和类型的公共服务，还为不同主体间协同合作提供了必要的基础。在这三种模式的推动下，社区公共服务的覆盖面不断扩大，除了户籍居民，常住人口也逐步被纳入其中；同时服务内容也不断丰富，多样化、多层次的服务体系逐步建立。尤其重要的是，在社区公共服务建设过程中还形成了一支专业化程度不断提高的，由专职、兼职的志愿者组成的社区服务大军，兴建一大批社区服务网点和社区服务设施。已有研究往往从这三种模式入手，分析这些专业生产者如何整合资源、生产服务、创造价值。研究者们还分别探讨了这些模式所具有的不同优势和不足，期望找到这些模式之间不同的合作与组合形态，进一步优化和完善社区公共服务生产体系。

从总体上看，三种社区服务生产模式区分了不同的社区公共服务生产主体，并根据三种生产者的职能与优势，赋予其不同的生产职责。但这三种模式均未从专业生产者的视角理解社区服务生产，将居民视为公共服务的被动接受者。因此，社区公共服务的生产过程就是由政府、企业和社会组织等专业服务组织将具有价值的公共服务提供给居民并由其消费的过程。即使一部分居民积极参与社区公共服务，已有研究也仅仅是将此理解为居民行动者被吸纳到专业生产者的服务生产过程中，作为主体的居民在本质上依然是消极和被动的。但事实上，许多社区公共服务恰恰是由居民

---

① 黄晓春，周黎安. 政府治理机制转型与社会组织发展 [J]. 中国社会科学，2017 (11)：118-138，206-207.

发起和倡导的，他们不仅是被吸纳的对象，更是社区公共服务供给活动的核心驱动者。而近年来兴起的共同生产理论也充分揭示了居民在社区公共服务中并非仅仅消极地参与专业生产者所分配的任务，而是参与了整个社区公共服务生产的全过程①。但基于传统的专业生产者视角无法有效解释社区公共服务的生产如何与公众的密切参与对接。这就需要在社区公共服务研究中充分考虑社区居民的积极生产者角色。

第二节　城市社区公共服务供需匹配研究

城市社区公共服务是在社区范围内针对居民需求，由政府主导，政府部门、社会组织、市场组织以及居民等主体共同开展的公益性、福利性社会服务和便民生活服务的总称。城市社区公共服务既是社会公共服务的重要组成部分，也是社区建设必不可少的内容。完善服务供给，满足居民需求，实现供给与需求的匹配均衡，是开展社区公共服务活动、构建社区公共服务体系始终应追求的目标。近些年，随着社区治理与社区建设的长足进步，社区服务对象逐步向社区常住人口延伸，服务内涵向社会性服务、多元服务主体转变，服务体系逐渐完善，人们创造出了多种多样的服务供给机制或者需求满足机制，目的都是要在社区公共服务领域创造最有效的供需匹配。而要实现社区公共服务的有效匹配，需要明确区分服务供给方式的相对优势，识别居民需求的多维度特征，遵循"质量与效率兼顾"的原则，实现供需连接，并依据现实条件及时调整匹配，保持社区服务供给与需求的动态均衡。

一、城市社区公共服务的供需匹配的内涵

社区公共服务的根本目的是以最低成本提供与居民偏好一致、保证质量的服务。要达到这一目的，需要从社区公共服务的供给和需求两方面着手，即畅通供给与需求的连接。但是，现实生活中供需的连接不止一条路径，且二者之间不会自动连接；即便建立起连接，也未必是有效连接。社区公共服务供需匹配的内涵就是在社区服务领域，通过特定的供需匹配设

---

① 张云翔. 公共服务的共同生产：文献综述及其启示 [J]. 甘肃行政学院学报, 2018 (5)：31-45，126.

计，形成有效的供需连接，为社区居民提供最适当、最富有效率的服务。以特大城市社区为首的城市社区经过多年的实践摸索，在社区服务方面形成了若干成功模式，这些模式中蕴含着居民需求表达机制、居民需求识别机制、社区服务供给机制、社区服务分类机制等，为达成有效的供需匹配储备了经验，也深化了城市社区服务的内涵。可以从供需匹配的内在机理与外部定位两个方面，进一步理解城市社区服务供需匹配的内涵。

（一）社区服务供需匹配的内在机理

第一，社区居民与以政府为主的供给主体构成了供需匹配的两端。社区服务中的需求方是社区居民，以弱势居民群体为主，其接受的服务也以低偿、公益性服务为主。社区服务中的供给方包括政府部门、社会组织、企业和居民等主体，其中政府是社区服务的主导者和服务的主要供给者。第二，供需匹配的必要条件是需求与服务的多样化。居民需求和服务供给必须是多样化的，同时需求和供给可按照某个（些）维度进行归类，以保证在匹配时可以在不同维度间进行选择。第三，供给方式的相对优势对应差异化需求是供需匹配的基础。不同供给方式有着自身的相对优势，只有与差异化需求相对应，才能发挥其优势。这要求在供需匹配之前，要理清供给方式的相对优势，并采用适合的维度对需求进行分类。第四，政府作为供需匹配的统筹者发挥着决定性作用。供需匹配并非完全依靠自动机制建立供给与需求的连接，还需要规划设计。作为统筹者的政府在其中发挥决定性作用，包括选择合适的供给主体、确定居民需求、提供直接服务或委托服务，均由政府做出。第五，供需匹配的达成是逐渐摸索的过程。理想的供需匹配并非一蹴而就，而是坚持质量和效率导向，在合理的公共服务制度框架下，细化提供者与生产者的选择模式并进行试错，直到取得较为满意的绩效为止。

（二）社区服务供需匹配的外部定位

1. 应对社区服务多样化的策略方法

城市社区服务已经呈现出显著的多样化特点：其一，供给主体多样化，政府组织、社会组织、市场组织、居民自组织乃至居民个人（家庭）都已成为社区公共服务的供给者，服务提供者与生产者的分离使得供给主体多样化的特征更加明显。其二，服务内容多样化，从基本公共服务到准公共服务再到私人化服务，从基础设施建设到生理心理满足再到社会发展服务等各个层面，均可以通过社区途径予以供给。其三，需求人群多样化，不仅在较大范畴内需要人群有所区分，在某一具体范畴内人群也出现了分化，如将老年人群体分为高龄老人与中低龄老人两类群体。其四，居民需求多样化，随着经济社会发展水平和居民生活水平的提高，居民需求变得越来越丰富。与多样化紧密联系的是分化，包括层次分化和类型分化。将社区服务体系中日渐分化的供给主体与需求主体、供给内容与需求内容相互连接，即社区服务的供需匹配过程。

2. 体现社区公共服务过程的规划思维

社区服务供需匹配机制的设计既不能一味地迁就提供者，也不能一味地迎合消费者，而是要实现提供者与消费者的利益整合，使他们在互相沟通与理解的基础上对服务共同支持。要达到上述要求，匹配机制的设计非常重要。上海市政府这些年正在探索建立服务清单，厘清适合纳入政府供给范围的公共服务事项有哪些，适合其他主体供给的公共服务有哪些，要在顶层设计的层面弄清楚政府服务供给的对象和内容。供需匹配是要从单独关注供给或需求的一个侧面上升到关注两个甚至多个侧面，并将不同侧面相连接，给出更加明确的社区服务结构化设计。当服务要素趋于多样化后，供需匹配的规划设计变得更加复杂，但不变的原则是将某一类型的服务供给与某一类型的居民需求恰当配置，进而使不同类型的服务供给与不同类型的居民需求相匹配，构成整体有序、运转有效的供需体系。

3. 强调社区服务效果的效率逻辑

社区居民需求的满足和改善取决于社区服务的绩效水平，这里的绩效水平包括均等化、规模化和供给效率，长期以来，我们更多关注的是公共服务规模化和均等化问题，而相对忽视了公共效率问题。加之政府提供社区服务属于行政行为，容易使社区服务的供给长期处于低效率状态。通过供需匹配，吸收多元供给主体，发挥不同主体在社区服务供给上的相对优势，鼓励其采用擅长的方式专注于某个范围的服务，能够提升其服务的数量和专业化程度，使其聚焦于特定服务领域，积累服务经验，更熟练地开展服务。与此同时，供需匹配也可以明晰主体责任，避免服务中的推诿和资源浪费，保证服务效率和服务质量。

二、社区公共服务供给方式的相对优势

当前城市社区已经初步形成主体多元、层次细分、覆盖面广的服务体系，社区服务的供给领域不断放开，政府、社会组织、市场组织、居民自组织都已进入服务供给市场，但各主体间的分工合作模式仍在探索之中。在城市社区服务供需匹配设计中，首先要确定不同供给方式的相对优势，包括政府、社会组织、市场组织与居民自组织在内的供给主体的供给方式各具特色，它们有着在社区服务上差异化的相对优势，发挥着其他主体无法替代的功能，利用不同供给方式的相对优势成为匹配的关键所在。

（一）政府供给的优势

政府供给是指由政府部门供给社区服务的方式，这里的政府部门包括民政、社保、卫生等部门，妇联、团委、残联等组织和市、区、县、街镇等政府。政府供给的相对优势在于：其一，经费充足。政府掌握着雄厚的社区服务资源特别是资金资源，可以提供一次性需求量较大的服务，保证服务的覆盖面。其二，合法性高。政府是公共服务首要的提供者，更容易得到社区居民的信赖。其三，规模经济。政府机构在管辖区域范围内可以推广同类型服务，降低服务成本。其四，组织健全。横向上可采取多部门供给，纵向上可依托居委会在内的社区组织网络，以提供服务。根据政府供给的优势，适合政府提供的服务主要是具有普遍需求、覆盖范围广、操作简便的基本社区服务。从现实看，当前政府仍是社区服务的主导力量，不仅是社区服务的统筹者和安排者，还直接从事社区服务生产。

（二）社会组织供给的优势

社会组织供给是指由非营利机构供给社区服务的形式。这里的社会组织既包括官方主办的公益性机构，也包括民间成长起来的草根型社会组织。社会组织供给的相对优势在于：其一，公益性。以服务而非营利为导向，可以承担政府无力提供、市场不愿提供的一些社区服务。其二，专业性。相对固定的服务范围，通过配备专业力量或联络专业人士为居民提供专业化服务。其三，社会性。在服务过程中与社区居民结成社会网络关系，并运用此网络助力服务供给。其四，系统性。可以考虑更多的、更长时段的影响因素，并根据这些因素组织实施社区服务。根据社会组织供给的优势，适合社会组织提供的服务主要是低偿的、群体性特征明显、社会化要求较高的专业型社区服务。从现实看，社会组织是近年来迅速崛起的服务供给力量，依托政府购买，社会组织的数量不断扩张，但受限于政府意愿，服务范围较小，服务质量也相对较低。

（三）市场供给的优势

市场供给是指由营利企业供给社区服务的形式。这些企业有的以社区服务为主业，有的业务范围可兼顾社区服务。市场供给的相对优势在于：其一，机会发掘。及时发现居民的需求，并将其转化为市场机会，提供相应服务。其二，量身定做。能根据社区居民的需求提供符合居民个性化的服务，特别是能够提供较高层次的服务。其三，快速反应。对市场信息反应灵敏，随时根据市场特点调整服务内容和服务方式。其四，需求反馈。居民可以按照自己的喜好选择服务并做出评判，市场供给对居民的评判有更快的反馈。根据市场供给的优势，适合市场供给的服务主要是有个性的、新涌现的、技术含量高的社区服务。从现实看，市场供给作为社区服务的新生力量，其服务开展虽然在城市地区有了起色，但仍然无法在社区内站稳脚跟。无论是政府还是居民，对它的认可度都比较低，市场供给本身也没有找到能够发挥优势的服务领域。

（四）居民自组织供给的优势

居民自组织是指社区居民自主组织起来的群体供给社区服务的形式。其规模可大可小，主要以社区内居民互助为主要方式。居民自组织供给的相对优势在于：其一，在地化。居民群体更了解社区，更熟悉居民需求，因此能够将需求准确地反映到服务中。其二，过程化。居民自组织供给服务的过程也是居民需求满足的过程，供给方与需求方的互动更加充足。其三，灵活性。因居民自组织规模相对较小，服务范围较为宽泛，服务内容的调整更方便，行动更加灵活。其四，成本低。居民自组织主要依赖居民的自愿付出和奉献，无须政府大量投入，加之服务对象皆为本社区居民，其执行成本更低。根据居民自组织供给的优势，适合居民自身提供的服务主要是情感性、分散型、生产与消费高度拟合的社区内服务。社区居民的自组织是社区服务的传统力量，但长期以来由于缺乏有序的组织，且依附在社区委员会等半政府机构之下，其真正价值并没有发挥出来。对于建设和发展刚起步的城市而言，邻里互助和社区互助依然是社区服务体系的重要构成部分，社区层面的互助活动不应被忽视。

必须明确，各个主体在供给服务时具有相对优势；同时也具有相对劣势，即无法达到设定目的或可能造成负面后果的特性，更进一步，如果配置不当，本该发挥相对优势的地方可能变为劣势，如出现政府滥用资源、市场逃逸、社会组织寻租、居民搭便车等。因此，从某种意义上说，社区服务的供需匹配是发挥供给主体的相对优势、克服其劣势，避免其组织优势变为劣势的过程。社区服务的多中心体制正在形成，但我们并不认为所有的多中心体制必然是有效的，任何特定多中心体制的效率最终还是取决于公共服务供给方式与公共服务效率相一致的程度。从效率提升角度做好供需匹配，一方面要求政府明确社区服务提供者与生产者之间的职能，既要做好作为提供者的协调统筹工作，又要做好生产者的生产组织工作；另一方面要认清不同生产者所具有的相对优势，根据他们的相对优势匹配相应的服务内容，提升社区服务活动的整体效率。

三、社区居民需求分类

在供需匹配的具体操作过程中，既要厘清处于供给端的服务供给方所具备的优势，同时也要重视社区居民需求。某种意义上，居民需求包含了很丰富的信息，可供匹配参考。第一，重视居民需求体现了社区服务以人为本的原则。服务的根本目的在于满足居民需要，脱离了居民需求，社区服务就失去了供给的方向，将导致服务与需求的偏离。社区服务设计与制定的前提便是需求调研，以需求调研为基础，后续的社区服务才能做到有的放矢。第二，能够通过需求状况了解社区居民的生存状态。通过辨识居民的需求内容、需求规模、需求急迫性等，可以掌握社区发展过程中的民生状况，有利于政府根据居民需求属性和社区特征合理地投入服务资源。第三，从居民需求表现出的规模、复杂性、情感性等维度区分不同人群的需求共性与个性，可以明确各类社区需求的差异性，从而通过组合建立需求结构。与以公共物品性质和供给方优势分类的办法相比较，需求分类更适合在社区层面进行服务的结构化设计。

以居民需求为基准，本书尝试构建一种新型的社区服务供需匹配体系，这一新体系包含社区居民的多维度需求，以及由不同维度交织而成的需求类型与服务供给的匹配关系。为了使该体系下的供需匹配更加直观形象，本书从需求内涵的复杂程度（复杂性）、需求情感的投入程度（情感性）、需求数量的规模（规模性）三个方面进行维度归类，并与相应的供给方式关联匹配。

（一）需求内涵的复杂程度

人们的需求是多样化的，是有层次的，不同需求的内涵即包含的内容、内容间的关联及满足的手段是不同的。有些需求较为简单，比较容易满足，有些需求较为复杂，不容易得到满足或者说需要花费较大力气才能满足。在通常情况下，需求内涵的复杂程度越高，对服务供给的技术要求越高，越需要专业化服务。居民需求的复杂性不同，对应的服务供给方式也会不同。通常简单的需求由掌握服务技能手段较少的供给主体提供，复杂的需求由掌握服务技能手段较多的供给主体提供。由此，按照供给方式相对优势和需求的复杂性（从简单到复杂），设定供给手段的排序为政府、居民自组织、社会组织和市场。

（二）需求情感的投入程度

拥有社区需求的主体是社区居民，社区服务的对象也是社区居民，社区服务供需匹配的过程正是将服务送到居民手中的过程。社区服务的开展总是以人与人的接触为媒介，涉及人的精神层面，一项富有情感的活动往往会收到事半功倍的效果，而冷冰冰的只提供技术的活动则会使服务效果大打折扣，情感的投入程度将影响社区服务的效果，也关联着服务供给方的选择。社会性越强的服务，越需要人们投入丰富的情感，而社会性较弱的服务，对情感投入的需求相对不那么大。对情感需求较大的社区活动包括文体娱乐活动、生活护理、上门探望、聊天谈心、心理疏导等，这类活动需要个体面对面接触。按照供给方式相对优势和情感投入程度从低到高，依次匹配的供给方式为市场、政府、社会组织和居民自组织。

（三）需求数量的规模

有些社区服务项目多数人觉得有需要，有些社区服务项目只有少数人觉得有需要，还有一些项目只有极少数人有需要，这就要求我们要根据需求的数量将需求分为大众需求、小众需求和特殊化需求。以老年群体的18项社区需求为例，根据调查结果，有些需求属于大众需求，需求人数较多，如健康体检、文体娱乐活动、健康养生讲座、健身运动、集体旅游、健康生活方式指导等，老人普遍有这样的需求。有些需求属于小众需求，包括助餐服务、聊天谈心、参与志愿服务、紧急呼叫系统、维权服务、上门探望、技能培训等，这些需求在具有相同特点的老年人群中集中存在，属于小范围的群体需求。需求数量最少的属于特殊化需求，包括生活护理、辅助器具租借、心理疏导、家务服务、居家无障碍改造等，这类需求要么产生于老人追求更高的生活品质，要么产生于特殊个体原因。从社区服务提供的实际情况看，往往大众服务要多于小众服务，更多于特殊性服务，小众需求和特殊需求尚未得到充分满足。社区服务的规模性对应供给主体掌握的资源情况，通常大众需求对应的社区服务的公共性更强，规模效应较大，操作专业化要求不高，适合政府承担；小众服务对应的社区服务的专业性要求高，政府进入较难，适合社会组织承担；特殊需求对应的社区服务更加个性化，适合市场方式供给。居民自组织适合承担一些临时性社区需求的供给，以及需求与供给不易分离的服务，如文体活动、健身运动等。

综合划分居民需求的三个维度：需求内涵强调个人的感觉和体验，立足于微观层次；需求情感强调人与人的关系连接，立足于中观层次；需求规模强调需求的集合属性，立足于宏观层面。三个维度分别与供给的专业性、社会性、绩效性相对应，也分别代表心理学、社会学、经济学对需求的研究路径。服务的复杂性、情感性与规模性之间是有关联的，当复杂性与情感性增强时，服务的规模化生产会受到限制。服务越是强调人性化，其规模就越受到制约，因为个性化的服务无法标准化，而非标准的服务限制了规模的扩大，而专业化可能是缓和三者紧张关系的一条进路。

需要说明的是，三种维度下的需求划分是一个连续系统，其排序并没有严格的界限，往往可以由不同的主体共同提供。一项服务的内容往往有多个侧面，可能需要多个主体相互配合、共同提供，如紧急呼叫系统服务包括安装、维护、接听和反馈等服务。服务是不断发展的，随着居民收入水平的提高，需求的内涵更加复杂，情感性需求增多，需求也越来越个性化，这些都要求社区服务的供给完善升级。

四、城市社区公共服务供需匹配模型的构建

根据需求匹配的适当性原则，建立以居民需求的三个维度——复杂性、情感性、规模性为基准的需求分类框架，设定承担社区服务的供给主体，形成供需匹配的新体系。如图4-1所示，根据供给主体掌握的服务技能的复杂性程度，在复杂性的服务分布上的供给主体依次为政府、居民自组织、社会组织、市场；根据供给主体的价值取向，在情感性的服务分布上的供给主体依次为市场、政府、社会组织、居民自组织；根据供给主体所具有的规模经济优势，在规模性的服务分布上的供给主体依次为居民自组织、市场、社会组织、政府。

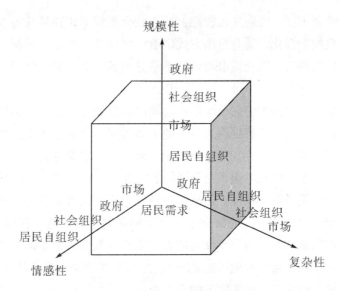

图 4-1　社区服务供需匹配模型

　　其他居民群体的社区需求有着同样的区分逻辑，同样适用于上述体系的需求类型划定与供需匹配。在实际应用过程中，如果某一项需求恰恰落在同一供给主体的交汇点上，则由该主体提供服务是确定无疑的。但事实上并非所有的需求都是落在同一供给主体的交汇点上，而是分散在 64 个（4×4×4）交汇点上，形成 24 种（4×3×2）组合方式；更准确地说，是落在立体模型内无数的点位上。这就要求服务供给在供给方式上应以组合式为主，而不是单一式，即由多个主体共同供给。这种组合提供可以是联合式的，也可以是主辅式的，这一思路在社区服务实践中得到了体现。

　　本书提供的分类框架和匹配机制与其说是提供了一套严格清晰的分类匹配方法，不如说是提供了一种需求划分、供需匹配的思路。应用在具体的供需匹配工作中，需求、供给的划分可以沿着一条维度执行，也可以将两个维度交叉，甚至可以将三者结合，以寻求最适当的匹配。在实践中，基本上所有的社区服务提供系统都是综合利用所有模式。探讨哪种模式是最佳的，并不意味着用一种模式完全取代另一种模式，应关注的是服务体系的平衡。

第三节 需求供给：徐汇区"组团式走访"案例研究

一、上海市徐汇区"组团式走访"案例剖析

徐汇区位于上海市西南部，属于中心城区之一。其辖区面积 54.93 平方公里（1 平方公里＝1 平方千米，下同），共有 13 个街镇，308 个社区居委会。截至 2022 年，全区常住人口为 1 113 078 人，同第六次全国人口普查的 1 085 130 人相比，十年共增加 27 948 人，增长 2.6%。平均每年增加 2 795 人，年均增长率为 0.3%。在全区常住人口中，外省市来沪常住人口为 344 376 人，占比 30.9%，同第六次全国人口普查的 279 531 人相比，十年共增加 64 845 人，增长 23.2%。平均每年增加 6 485 人，年均增长率为 2.1%。近年来，随着人口老龄化以及外来人口的迅速增加，徐汇区在社区公共事务治理方面面临着新的挑战，亟待转变公共产品的供给方式，提高供给能力①。

（一）徐汇区组团式走访的基本内容及其发展变迁

"组团式走访"（以下简称"走访"）是在徐汇区群众路线教育成功经验的基础上，以机关党支部和居民区党支部结对活动为依托建立起来的。走访以区委区政府有关规范性文件为依据，主要由两个板块组成：定期基层走访——机关党支部及其处级干部（领队）、党代表、人大代表、政协委员、律师组成团队定期到居民区听取意见；网络平台——履行居民诉求上报、明确责任单位、回复责任单位等职责。

徐汇区的走访其实有着较长的历史，是徐汇区"满意活动"的延续。"满意活动"始于 1991 年，1994 年正式形成以服务为民、解决需求、惠及群众为出发点和落脚点，是徐汇区的一项长期的民心工程。截至 2023 年，面对"建设一流的中心城区、领先的发展水平"的目标，徐汇区政府结合上级要求，在全党上下开展党的群众路线教育实践活动，打造了"满意活动"的升级版——"满意行动"。

1. 初始阶段（2014 年 3 月—2014 年 9 月）

在初始阶段，"满意行动"是徐汇区开展党的群众路线教育实践活动

---

① 上海市徐汇区统计局. 徐汇区统计年鉴 2022 [M]. 上海：2022：33-34.

的载体，聚焦于区领导机关等的作风建设，以反对"四风"（形式主义、官僚主义、享乐主义和奢靡主义之风）为重点，转变党员干部作风，建设服务型政府，将着眼点放在群众身上，扩大群众参与政府活动的广度和深度，多给群众便利，多予群众所需和多解群众所困，加强和群众的真诚沟通，积极回应群众，畅通群众诉求表达渠道，着力解决与群众密切相关的各种公共问题。

2014 年 2 月，徐汇区政府制定了《中共徐汇区委关于开展满意行动的实施意见》，要求在 2011 年徐汇区机关党组织和居民区党组织开展"双结对"工作全覆盖的基础上，处级以上领导班子和领导干部在每单月的第一周集中走访结对居民区，坚持访民情、听民意、解民忧、惠民生、聚民心、集民智，采取多种形式收集群众意见和建议，并及时将社区问题上报至网络信息平台，建立民情数据库，对民众诉求的收集、梳理、督办和反馈进行集约化管理。全区党政机关党组织在领导班子成员的带领下，分别于 2014 年的 3 月、5 月和 7 月走访结对居民区，收集诉求 1 947 件；其中能够解决的 1 520 件，暂不具备条件解决的 339 件，不能解决的 88 件，所有居民诉求都得到了督办和反馈。

2. 形成阶段（2014 年 10 月以后）

2014 年 10 月，徐汇区委继续出台深化走访活动的实施意见，要求在前期开展"满意行动"联系走访群众的基础上，进一步充实和优化调整走访人员队伍，充实"1+（1+3+1）"走访工作小组（"1"是指结对机关党组织，"1+3+1"分别指 1 名处级干部、1 名区党代表、1 名区人大代表、1 名区政协委员和 1 名律师），对全区居民区进行结对走访，将联系服务群众走访活动巩固为一项政府了解社情民意和处置反馈的走访机制，自此走访正式形成。

目前，徐汇区已经形成了一支人员稳定的走访团队，在定期走访的基础上，努力提高联系服务基层的效果，深入掌握社情民意，了解基层急、难、愁问题，依托网络工作平台基层予以逐步解决。

（二）"组团式走访"行动：制度及其运作

1. 走访团队：定期走访基层的地面行动网络

徐汇区开展的走访是群众路线教育实践的延伸，以民众满意为出发点，在原来机关党支部和居民区党支部结对的基础上覆盖全区，并充实走访队伍，纳入了区处级干部、区人大代表、区党代表、区政协委员和部分律师。每一支"1+（1+3+1）"模式的走访团队对应一个居民区。其中，"1"即结对机关党支部，"1+3+1"即为上述新纳入的5名成员。全区共建立了308个工作小组，覆盖所有的居委会，并在每个季度第一个月的前半个月开展到居民区的走访。

在走访团队中，处级干部作为团队领队，须以身作则，全权负责本团队的走访任务。一般情况下，处级干部是与居民区党支部结对的机关党组织中的党员，即属于"1+（1+3+1）"工作小组外的"1"，由区委组织部归口管理。同时，机关结对党支部安排1名支部成员作为联络员，协调团队走访工作的各项工作，保障走访顺利进行。其他团队成员则分别由区委组织部、区人大办、区政协办、区司法局归口管理。代表、委员被分派到各个居民区参与走访，充分发挥桥梁纽带作用。律师在统一调配之下，充分发挥法律专业优势，为社区居民答疑解惑，做好法律咨询与服务工作。整个走访是在区委、区政府的领导下开展工作的，走访行动办公室负责具体走访事项的组织协调工作。

走访团队定期走访联系结对居民区，以座谈会的形式听取居委会、居民代表诉求，调动居民广泛参与和表达诉求的积极性，收集汇总居民意见建议，建立了直接有效的民意调查机制。走访团队不但要收集和梳理居民提出的问题和建议，还要充分利用本团队所有的资源全面负责跟踪落实，不论诉求解决与否，皆须向居民反馈办理情况。在每一次走访中，团队的一项任务就是向居民解释涉及居民切身利益的政策，听取居民建议，将居民吸纳为政府决策的重要群体，形成下情上传、上情下达、渠道畅通、反馈及时的互动模式。

2. 信息平台：联通政府内上下左右的虚拟行动网络

从2014年的10月到2015年的10月，走访实施了一年的时间。以往政府和居民在一些公共服务方面的想法总是"碰不拢"的情况逐步得到了改善，许多居民认为走访活动很好，是真心实意为居民排忧解难。居民区党总支书记一致认为，走访给居民区带来了很多资源，帮助居民区解决了很多社区难以解决的疑难杂症，走访这个平台非常好。

居民区党总支书记和居民的点赞缘于走访积极解决居民实际生活中遇到的各种诉求，坚持以问题为导向，以需求为核心，严抓问题的落实整改。面对全区308个居民区中的各类问题，仅靠走访团队成员已无法得到有效解决。事实上，在走访团队背后，有着诸多的支持机制，其中走访网络信息平台发挥了重要作用。

在走访居民区时，对能够当场解答的问题，走访团队及时给予回应；对不能当场解答的问题，走访团队在走访结束之后会认真梳理分析，将各类诉求上传到网络信息平台，利用结对单位、街道和区职能部门的三级联动解决机制，将诉求流转给相关责任部门处理。该制度的运行原则就是一级部门能解决的问题由该部门解决，不能解决的，由上一级部门介入解决。

网络信息平台由区委办下辖的综合科室区委督查室负责日常运作，走访团队在每次走访后要在规定时间内将收集到的诉求录入平台。网络信息平台解决诉求的流程如图4-2所示。

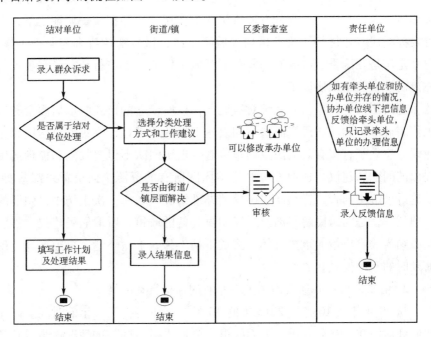

图4-2　走访信息平台诉求处理工作流程图

首先，诉求能够在居民区和走访团队层面解决的，走访团队应在规定时间内解决并将解决方案录入平台。

其次，对依靠整个走访团队及其单位的力量依然无法解决的问题，则通过走访平台流转到街道/镇。由街道/镇主管领导召开专题会议分析研判。街道/镇能够解决的问题，确定相关责任部门并要求其限时办结；街道/镇不能解决的，分析讨论应该属于哪个区职能部门的职责，提出建议职能部门，录入平台。

最后，区委督查室将需要区职能部门解决的诉求进行流转，根据问题导向与职能部门的职责边界判断是否属于街道/镇建议的责任部门；若属于，则流转至该职能部门要求其限期解决，若不属于，则需要重新确认责任部门。若无法明确是否属于该职能部门，则通过电话、邮件等方式向该职能部门核实是否在其职责范围内，是则流转，不是则再重复上述步骤直到确定为止。

区委督查室将问题流转给有关责任单位后，平台将会给责任单位走访总联络员会发出提醒邮件，同时也会以邮件告知居民区和走访团队诉求已交由哪个职能部门办理。责任单位限时办理后，平台将会以邮件自动提醒居民区和走访团队办理完结。居民区可以进入平台，对已办理的事项和走访团队及责任部门进行评价，评价分四个层级：满意、较满意、一般、不满意。此评价计入行动年终考核，占比15%。

自此，诉求才算是办理完结。对于超期没有给予答复、办理的诉求，主抓领导每个季度召开办公室会议，进行诉求审读，对诉求办理方案的表述、办理情况在解释角度和准确度上是否合理提出修改意见。走访办公室向有关单位分管部门发出诉求审读意见告知单，要求责任单位及时进行办理，对已有的办理情况、办理方案进行修改。这样，就形成了线上、线下互相支持，快速回应民众诉求的问题解决机制。

（三）领导小组办公室：开展走访的原动力

为推进走访的有效开展，在区委领导下，成立了走访领导小组办公室。区委副书记任单位组长，区委副巡视员任单位副组长，负责协调包括街道/镇、国有企业等在内的71个部门单位的走访工作，督促走访工作机制的完善和加强对走访的组织实施。各街道/镇也纷纷成立了"大走访办公室"，专门推动和配合走访工作的开展。2021年9月，领导小组办公室配备专职人员3人，负责日常工作和具体工作。按照"统一领导，分工合作"原则，做好走访活动的日常督查检查和基本服务，确保每次走访顺利进行。

在走访前，工作领导小组召开各归口部门（区人大、区政协、区委组织部、区司法局）联席会议和领导小组会议推动走访工作。各单位分别总结上一季度走访调研情况，汇报下一季度走访行动计划，讨论下一轮走访工作要求和任务，明确责任单位及完成时限，推动各项工作有序进行。在走访前半个月左右，办公室制定并发布本年度走访行动工作提示，明确走访要求，收集诉求和了解诉求办理情况是走访的主要内容。区人大办、区政协办、区司法局也会向代表、委员和律师发放提示，区委组织部也会下发在职党员作用发挥信息收集表，给走访团队成员施以动力或压力，让各位成员在走访中发挥作用。

在走访前，明确时间要求，各走访团队利用微信、电话等方式和结对居民区协商走访时间并将之上报给走访办公室汇总，并于走访行动开始前一周，在该区党报、区委党建网、各街道网站、居民区网站以及小区公告栏内公布，走访团队须严格按照公布时间进行走访，自觉维护走访行动公信力。

工作领导小组办公室对走访程序有严格的规定，要求走访形式为座谈会，以听取居民意见为主，且对全体居民公开，要热情回应参加座谈会的居民。在座谈过程中，政策宣讲、上季度走访诉求办理情况反馈、听取居民意见是每次走访不可缺少的环节。

机关结对单位联络员必须与走访团队一同参加座谈会，会上详细记录居民诉求，并如实填写走访工作记录表和民情诉求登记表，会后由居民区党组织保管。走访团队在座谈会后将结对居民区的详细情况及诉求处理办法等认真记录在民情日记中，形成纸质档案。

走访结束后，走访团队就居民提出的诉求和意见及时梳理分析，在规定的时间节点将信息录入网络信息平台、通过网络平台流转，要求责任部门在规定时间内给出明确答复，并依托网络信息平台将处理情况反馈给走访团队和居民区。

（四）督查考核制度：走访的关键要素

走访要取得实效，对走访工作及其工作人员从严监督是关键。

第一，将走访纳入满意互动暗查项目。区政府机关一年开展 4 次暗查活动，涉及走访的具体内容包括组建工作团队、开展走访联系、落实问题整改、拓宽走访途径。每项内容对应具体分值，暗查时发现不合规定则扣分。该结果是党政机关年终考核的依据之一。

第二，在每季度走访过程中，抽调部分居民与区党总支书记组成若干调研组（2 人一组）现场观察，实地参加走访。走访活动结束后，走访工作小组召开调研员总结会议，及时反馈走访情况和效果，对好经验、好做法以"热风吹雨"形式在微信群提出表扬；对存在的突出问题和相关当事人，以"打招呼"形式在微信群提出批评并由主抓领导约谈相关人员或单位分管领导。

第三，优化网络工作平台的满意度评价功能。诉求办结后，居民区工作人员进入网络平台对走访团队和责任单位进行评价。在第四季度走访结束后，领导小组办公室进行满意度测评，邀请每个居民区居民代表填写"组团式走访"行动满意度测评表，对走访团队的表现打分和提出改进意见，考评结果会纳入走访团队成员特别是处级干部及其所在单位的年度考核范畴。

二、"组团式走访"的绩效分析

走访以回应居民诉求为宗旨，通过组团走访、网络平台等形成集成优势，建构了一套协同政府内上、下、左、右各部门（合"纵"连"横"）提供公共服务的新机制。该机制包括直面基层的宽通道的响应机制、有效激活责任主体的决策机制、"精英下沉"式下沉多方筹集资源机制、多途径信息来源的督促机制等。在实践中，这一机制基本达到了制度设计的初衷，发挥了如意见听取、问题解决、锻炼干部、密切干群关系、提升满意度等功能。笔者在三个社区（分别是N、G、L）进行了调研。

（一）直面基层的宽通道的响应机制

不可否认，随着体制创新、技术发展，党群、政民、政社之间的沟通渠道越来越多，既有政府着力建设的各种听取民意的机制，也有居民自行采取的各种表达方式。但渠道多，不代表通道宽。多年来，舆论和理论界对政府回应力不足的批评，揭示了渠道虽多但通道较窄的尴尬。

走访的两个机制：一是"1+3+1"即"处级干部+党代表+人大代表+政协委员+律师"，直接到社区、直面居民代表，即使是简单的物理组合，实质上也起到了把多个小渠道整合为一个大通道的作用。二是联通政府内上下左右的网络平台。这是一个技术上几乎不受限的宽通道，在确定相关诉求的责任部门后，对认领、处置又规定了时限。通道的一端是居民诉求，另一端是区委区政府、街道、人大、政协机关等，而限时办理等保证了责任单位快速响应。因此，走访在吸纳居民诉求表达方面实现了直面基层、宽通道传递、快速响应。

走访坚持以社区居民为本，围绕居民诉求定期到社区联系居民，服务居民，注重公共利益的实现。为获得真实的民情和民意，走访团队每季度走访一次结对居民区，由居委会安排与居民的座谈会。在走访座谈会上走访团队与居民零距离、面对面交流，倾听居民诉求和意见。为增加居民代表的广泛性，领导小组规定居民区党支部至少安排六名居民参与座谈会，且最好是挑选党员骨干、楼组长等对社区更加了解的人员作为代表，要求居委会事先汇总社区难点、热点问题，确保集中、准确地反映居民诉求，以有效地向居民提供各种公共产品。在走访前一周，走访办公室通过报纸、网站等媒体公布各走访团队的走访时间，原则上居民可以自由参加座谈会并自由发言。在笔者调研的三个居民区的座谈会上，居民代表所表达的诉求皆关乎社区公共利益，希望得到走访团队的支持和解决。走访团队能否按时走访与居民对走访行动的评价密切相关，尤其是自主参加座谈会的居民。为防止社区居民前往居委会参加座谈会扑空的现象，各走访团队必须严格按照公布的时间下访社区，不得随意更改。

城市社区公共服务供给方式的转变，体现为政府对民众意见的积极回应。走访者不断吸收居民意见，按照居民满意的方式做出回应和调整，居民对该行动的态度也发生了改变，之前认为它是政府的一项"形象工程"，肯定会流于形式，不了了之，现在普遍满意并对其抱有期待。

走访不仅通过定期走访居民区，变居民上访为政府下访，积极听取居民意见，畅通了民意表达渠道，而且还通过组建由不同人员参与的团队，将原有的"双结对"活动、领导干部联系基层制度、代表委员联系点制度等多种民意征集渠道综合并充分利用社会资源，拓宽了政社沟通渠道。

在N居委会走访座谈会上，领队王处长（J街道武装部部长）就他自己对团队的理解向居民代表做了解释："处级干部是区里统一调派的，代表区政府，所以不要把我和街道联系起来……在我们团队中，各方力量都有，彼此的工作并没有很大关联性，组成团队以后，彼此工作轨迹发生了交集，工作方式由单打独斗变为团队协作，利用各自的资源优势跨界组合，物理组合产生了化学反应，形成社会各方共同参与社会治理的良好局面。"

在调研过程中，我们发现街道领导担任领队的两个"走访"团队都在调动各方力量、运用各自优势为结对居民区解决问题。这是非常值得肯定的。N居民区周边一家饭店的违章建筑拆除后，经常发生污水外溢，影响居民行走，但饭店对居委会、街道的整治要求置之不理。走访座谈会后，领队王队长向该居民区党总支书记详细了解情况，并与团队中的党代表商量，认为党代表所在的国有企业在这方面是有资源优势的，党代表也积极表示愿意帮忙。于是很快商议出解决办法，由该国有企业派出施工队修了一条水渠，解决了问题。

另一居民区 G 则主要是老旧售后公房，公共设施等基础薄弱，物业管理水平低。在座谈会上，居民提出希望在小区门口安装无障碍设施，人大代表当场将此任务认领。原来，该人大代表是居民区附近中职院校的工会主席，可以趁寒假期间学校进行休整时为社区服务。平时，该人大代表也会利用学校资源，为社区居民上党课，组织学生志愿者服务社区，提供一些便民、利民服务。

与 N 居民区和 G 居民区结对的两个走访团队成员在座谈会后通常会就居民反映的诉求进行交流，主动分担责任，集思广益、汇集资源，快速响应、合理解决问题。围绕居民提出的诉求和意见，在走访团队职责范围内，能够当场解答的及时予以解答，对于不能当场解答的，座谈会之后督促相关部门落实并做好反馈工作；即使是不能解决的问题，也要向居民做好解释工作，取得居民的理解。在居民看来，走访团队成员是作为一个整体发挥排忧解难的作用。这种将多个分散的渠道整合成一个宽渠道的模式，增强了政府回应力，有助于高效解决社区难题。

然而，走访团队的力量毕竟有限，无法处理社区所有诉求，网络信息平台通过信息共享，不但将诉求直达责任部门，还要求限时办理。在信息透明公开的情况下，责任部门处在上级部门和民众的双重压力之下，因此社区诉求成为他们关注的重点之一。

在 G 居民区，由于历史原因，居委会所辖小区的小学生分属两个学区，走访时发现一个居民提出希望能并入另一个学区。走访团队在会后调查了解相关情况，教育局接到诉求后也在相应的时限内给出了答复：一是目前的学区划分是有依据的，二是在下一年的学年会上会考虑居民提出的意见进行适当的学区调整。另外，走访团队的领队和教育局党办主任进行了沟通，鉴于涉及学生人数很少（每年 2~5 人），领队和居民区党总支书记都对此问题的解决充满信心。

信息平台的作用在于将因各种原因处于政府视线外的社情民意直接置于政府视线内，让政府内上下左右的职能部门履行职责，按照时限要求做出答复和处理，快速响应居民诉求。所有团队与结对居民区还建立了微信群，除了走访团队成员外，走访联络员、街道联络员和居民区党总支书记等居委会工作人员也在群中。通过微信群,社区与走访团队的互动交流不仅局限于每季度走访的半个月时间,可以全天候实时在线交流且内容更加丰富。这一系列做法对于增强政府回应力、化解社会矛盾成效凸显。2021年,徐汇区信访量同比下降24%,为居民解决急难愁问题1 800多件,得到了居民的充分肯定。

(二) 有效激活责任单位的决策机制

公共物品或公共服务供给的决策机制,其目标是解决责任单位问题,即谁提供、提供多少、以何种机制督促责任主体采取行动等。对于社区事务或问题,责任单位包括(但不限于)居委会、业主委员会、物业公司、街道(职能部门)、政府职能部门等。有时,诉求提出者并不清楚责任单位;有时,责任涉及多个主体。因此,如果政府"多一事不如少一事",那么就可能发生居民求告无门的情况。走访团队负责机制、网络平台责任确定机制等,有效激活了公共服务的供给主体。

第一,建立走访团队的责任包干机制。全区共建立了308个走访团队,团队成员来自各个部门、不同领域。团队中的领队有三种来源:区职能部门、街道办事处或镇政府以及区国有企业,其他成员则是按照选区和就近两个原则进行分配,组建走访团队的目的就是保证社区问题有更有效的反映和解决渠道。

按照要求,走访团队需要对走访、落实、反馈全过程负责。在走访环节负责对居民诉求进行收集。社区公共产品提供者的确定依赖于民意调查的准确性,整理和归纳居民诉求信息的目的是找出居民的真实需求,其前提是政府的民意收集工作应采用"从群众中来到群众中去"的方式,与群众面对面进行民主协商和对话。建立起覆盖全区所有社区的走访机制,走访团队广泛收集群众诉求,对于能当场回应的及时回应,必要时可以采取现场查看的方式调查核实;不能当场解答的,走访团队成员从街道联络员、居民区工作人员以及居民那里充分了解后进行录入,确保进入网络信息平台的诉求能够准确表达居民所思、所想。落实环节针对居民提出的问题充分调动团队资源,在无法解决时做到全程追踪,一跟到底。对于需要街道或职能部门处理的,走访团队也需要担负起沟通协调的责任。反馈环节负责告知社区居委会及居民代表诉求处理方案、进度和结果,既有日常工作反馈也有定期反馈。从社区问题的输入到输出,居民不用再为此奔波,走访团队全程负责社区居民提出的所有诉求,为社区治理探索出一条新的道路。

第二，建立网络平台的确定机制。网络信息平台的管理由专人负责，形成覆盖全区的民情库，涵盖区、街道和社区。授权走访团队所属党组织将收集到的结对居民区诉求输入平台，按照网络信息平台的流程进行流转和限时办理，居民区工作人员可以随时进入平台查看诉求办理情况并对已办结诉求进行网络评价。通过社区、走访团队、街道办、镇政府和职能部门等参与者的通力合作，分散的居民诉求信息被归纳和汇总，形成全面、系统的网络信息。走访领导小组每次走访后召开专题会，对各种情况进行梳理分析，将民众反映强烈、涉及区级层面的难题提交区委、区政府进行调查研究并落实。例如，在第四次走访时，针对前三次走访中居民提得较多的老年人看病问题以及社区内楼栋防盗门维修问题，走访领导小组下发《8月工作提示（八）》，要求各走访团队按照统一出台的关于慢性病长处方和小区电子防盗门的惠民政策进行宣讲。为保证居民能够清楚和明白，要求用通俗易懂的语言而不能照本宣科。笔者分别实地调研了两个社区走访座谈会，在场的居民代表对这一政策是十分拥护和感谢的，他们纷纷表示政府是想着百姓的。

只有综合整个辖区范围内的民情信息，政府作为决策层才能了解什么是大多数居民的普遍需要的公共产品，进而做出符合居民真实意图的政策决策，提高决策效率。要坚持让群众满意、让基层满意、让社会满意的走访任务，针对社区疑难杂症开展协调落实工作，加强条块协同，整合所需资源，形成解决具体问题的合力。走访团队能调动全区50个职能部门、13个街道和8家国有企业参与，使各个部门、各层级间有效运转，共同为城市社区提供公共产品，依赖的是强有力的组织协调机制。网络信息平台的建立有助于整合全区诉求信息，按照逐级解决问题的原则，构建了社区/走访团队、街道、区的三级联动管理系统，围绕社区居民诉求，从下到上，能够解决的自行解决，无法解决的则流转到更高一级，确保社区问题有人管。

例如，在一次走访中，L社区居民代表要求有关部门为社区老年活动室安装有线电视。刚开始，问题被划给社区居委会自行解决，但是由于历史遗留问题，经过几个月的努力，L社区依然无法安装有线电视。在第五次走访中居民再次提出这个问题，当天出席座谈会的街道办工作人员在了解了前因后果后主动认领了该问题。经过街道和东方有线电视站的沟通，这一问题在一个月内予以解决。

在横向协同方面，走访团队成员之间的协作是不同工作领域的协同。对于属于其他部门的职能范围内的诉求，走访团队担负着督促诉求落实整改的责任，必要时还需要与其共同完成社区公共产品的供给，尤其是作为处级领导的领队，通常具备影响街道、职能部门等同级部门的能量，可以发挥撬动作用。

一个职能部门撬动另一个同级部门采取实质行动的典型案例也发生在 L 社区。该居民区附近拟建配套中学或小学的诉求由来已久，居民希望建小学，而区教育局的规划是中学。区规划局的一位副局长被指定为该居民区走访行动的领队后，意识到该问题是居民反映强烈的问题之一。在走访前，这位副局长想尽办法邀请区教育局领导参加座谈会，希望他们实地听取居民意见——先电话邀请，后发出邀请与会的公函；随后在走访行动座谈会上，在居民代表提交了数百份签名的意见书之后，这位副局长就居民意见的合理性等进行了更深入的调研，并向所在局领导班子汇报了应该支持居民意见的建议，并于几天后会同街道负责人亲自前往区教育局提出意见、进行协商；座谈会后还向走访行动办公室打了专项报告。这位副局长在正式场合以及非正式场合都试图说服教育局。区教育局进行了积极响应：先是委派基站站长等出席了走访行动座谈会，现场感受居民的强烈呼吁；几天后，在规划局副局长、街道负责人登门协商时，区教育局负责人初步提出中学规划改为九年一贯制学校的意见；此后，局领导班子讨论做出了正式决定。如此便解决了 L 社区居民多年来的诉求难以解决的大难题。

可以说，走访克服了现有政府组织"职能分工、分级管理、属地管理"的运作下分工过细、粗放管理和缺乏沟通等导致的协同失灵问题。通过打破职能、层级的边界，实现纵横向部门联动向社区供给公共产品。许多社区问题、居民诉求的责任单位是官方半官方机构或组织。走访行动起到了明确责任单位、紧盯落实责任等作用，是一种有效激活责任单位的公共服务供给决策机制。

（三）"精英下沉"式多方筹集资源机制

在已有的研究中，虽然研究者们认同社区公共产品供给应包括人、财、物等资源的筹措，但往往仅限于政府、社会、社区等各主体相互协调进行资金筹集的分析，忽视了利用其他资源提供社区公共产品。庞娟从利益相关者角度把地方政府、市场、社区居民和自治组织纳入社区公共产品公祭活动，认为资金筹集分担模式是保证有效供给的可持续机制①。并且，现有资源筹集方式单一，需要建立以政府为主的多元供给模式，拓宽资源来源②。但是，经济、社会环境已经发生了极大变化，城市社区居民公共产品需求日益复杂，有些公共品须投入资金才能完成供给，但有些公共品须筹措其他资源方能有效提供，不局限于资金分担，如责任共担亦是公共产品供给需要的。

"精英下沉"是精英流动的一种方式，有利于改善基层治理③。我们认为走访行动中走访团队定期下访社区，倾听基层诉求，参与社区公共事务治理，为居民出谋划策，起到上传下达作用，也是"精英下沉"的一种表现。这要求结对党支部、走访团队要从居民最急于解决的困难着手，推动人财物各种资源下沉至社区，最大限度地帮助居民。在日常生活和工作中，政府官员与社区居民接触较少，制定的公共政策难免和社区居民需求相左。走访行动可以帮助官员做出符合社区居民需求偏好的决策；而走访团队成员是来自社会各界的精英，他们自身所附带的资源有助于社区公共问题的解决。因此，在走访行动中，走访团队成员带给社区的资源可以分为体制内正式资源和体制外非正式资源。

1. 正式资源

在政府职能缺位的背景下，社区公共产品供给资源不足导致社区公共产品缺失。"组团式走访"为社区居民需求表达提供了渠道，走访团队成员成为社区与政府之间的桥梁，将社情民意向政府传达，并将政府决策向社区居民反馈。对于社区中的公共政策制定等公共事务，走访团队及时将诉求录入登记在网络信息平台上，使相关责任主体及时做出政策调整或重新做出决策。走访团队成员拥有体制内的身份，依照其职责参与社区公共服务治理。

走访团队中的领队是徐汇区政府处级以上的领导干部，他们肩负自身所在单位的职责，在走访中充分发挥自身力量，为老百姓解决疑难杂症。到 C 街道 G 社区进行走访的老领队老杨是 C 街道的副书记。在第一次走访

---

① 庞娟. 城市社区公共产品供给机制研究：基于利益相关者理论的视角 [J]. 城市发展研究, 2010 (8)：131-135.

② 姜德琪. 关于构建城市社区公共服务供给平台的思考 [J]. 湖北社会科学, 2009 (3)：51-54.

③ 吴新叶. "精英下沉"有利于优化人才结构和基层治理 [J]. 探索与争鸣, 2015 (10)：24-26.

时，G 社区居民提出由于社区内工厂众多，重型车辆进出频繁，小区主干道坑坑洼洼，以前小区居民也筹资修整过，可不久后又破烂不堪，居委会前期和驻区单位商量共同出资再次翻修，然而驻区单位没有答应。小区居民希望街道出面协调，督促企业承担部分资金。街道领导考虑到老旧小区的实际情况，推动道路维修工程纳入街道预算项目，不到半年时间修建了一条高质量道路，并顺带解决了无障碍设施问题，工程耗资八十万元。G 社区全体居民因此事十分感谢走访团队，而老杨就是他们的首先要感谢之人。G 社区党支部书记通过此事深刻体会到走访行动的效率之高，她表示："C 街道对我们的工作一直也是蛮支持的，但是以前事情解决的时间跨度太大，一年又一年地盯着。这件事去年讲今年就弄好了，这个就是效率。""在座谈会上，你们也都听见了，我们都是感谢他的。现在微信不是都时兴点赞吗，我们也为他点赞！"

"两代表一委员"则充分履行建言献策、民主协商的职责，就社区治理过程中的各项问题，充分发挥作为代表或委员具有较大影响力的优势，为社区居民服务，维护社会和谐。如人大代表在联系社区时，针对选民提出的公共交通不方便的问题，代表依托街道、居委会摸清了区域内人口、公交现状，进行充分论证，向区人大常委会提交方案意见书，经过多方协调，终于得到了相关责任部门改善居民出行的答复。代表、委员充当群众与政府联系的桥梁和枢纽，发挥联系服务群众的作用，以群众的满意为工作目标，呼吁相关责任单位关心群众诉求，解决涉及体制、机制的问题。

2. 非正式资源

走访团队所拥有的非正式资源是指团队成员自身职务之外的所附带的资源，即他们自己的资源，如他们可以凭借私人关系促使问题解决，凭借所属行业提供资源帮助。全区 308 个团队，涉及机关、企事业单位各个领域，能动员的资源十分丰富。在上文所列举的案例中，在解决几乎所有问题的过程中走访团队成员都或多或少动用了自身的非正式资源。当结对居民区诉求涉及其他责任单位时，有的走访团队成员会利用与责任单位成员的私人关系与之进行沟通，争取保质保量高效率地解决问题。领队老杨在解决社区中学学区划分问题时协调区教育局，与区教育局相关人员联系得到肯定答复后持续跟进。"两代表一委员"中有很多是国有企业、企事业单位的领导，他们可利用自身所属单位的资源帮助社区解决一些看似很小但长期未能够得到解决的问题。针对 J 街道 N 社区旁饭店污水排放影响居民出行安全和环境卫生的问题，走访N社区的团队中的党员代表（某集团总经理）出资为N社区在马路旁修建明沟。G社区人大代表是某中职学校的工会主席，是该学校领导班子成员之一，他组织学校老师到N社区为居民上党课，安排学生到社区提供志愿服务。

通过安排走访团队定期集中走访社区，充分调动团队成员所附带的正式与非正式资源参与社区公共服务供给，不仅为政府了解社情民意和制定政策提供了渠道、依据，加强了社区治理水平，还在一定程度上满足了社区的个性化需求，帮助了弱势群体，缓解了政府供给公共服务不足的问题。

第四节　推进城市社区公共服务的政策建议

虽然需求导向具有明显的政策意义和价值，但在实践中要准确、科学地理解和把握需求，不是一件容易轻松的事情。首先，对于什么是需求、什么是公共服务需求这样的基本问题，学术界一直缺乏统一的认识与界定。不同领域和学科，如医学、社会学、哲学和经济学等，对需求（need）、需要（demand）都有着自己的界定和理解，心理学和教育学还为此发展了独立的分析框架，大家都自说自话，莫衷一是，跨学科和跨领域的需求界定（包括需求评估）并没有形成。其次，在定义都比较模糊的情况下，如何进行科学、准确的需求评估以真正把握现实需求，就变得更加困难。而且，在将需求转化为公共服务的过程中，还涉及一些其他更为复杂的变量和因素，如政府职能、政治决策和公共选择过程等。毕竟，公共政策并非对需求的简单回应，它往往是多方利益互动博弈的结果，也是一个公共选择的过程。这就使得我们不能就需求谈需求，还要从公共政策和公共服务体系的角度来思考需求问题。这些因素叠加起来，就使得需求导向容易停留在原则性、概念性层面，而无法落实到操作性、实践性层面，变成"说说而已""提倡提倡"，从而丧失了真正的价值和意义。

在前面三节分析的基础上，针对上文提出的问题，本节尝试就完善城市社区公共服务的表达和整合提出四点意见和建议。

一、激励居民参与社区公共事务

扩大基层社区民主参与，调动社区居民参与社区服务和管理、表达意愿的积极性，真正反映社区居民的需求偏好。针对社区公共服务提供者与社区居民之间存在着信息不对称的问题，可以通过扩大城市基层社区居民的民主参与来加以解决。通过宣传动员、组织活动甚至奖励等多种途径来调动城市社区居民参与社区服务和管理、表达意愿、进行民主决策的积极性。建立健全社区服务的民主机制，运用民主参与机制来进行公共选择，尽可能地显示社区居民对公共服务产品的需求信息。设立社区议事组织，定期召开社区居民代表大会，理性地讨论本社区居民所需公共服务产品的种类和数量，同时邀请社区公共服务提供者如政府工作人员、私营企业人员、志愿组织人员和居民等来参加，及时将民意反馈给社区公共服务提供者，真正反映社区居民的需求偏好，提高社区公共服务供给的有效性，实现社区公共服务供需结构的平衡和最优化供给。

二、鼓励社区公共服务供给主体多元化

采取有效措施，发展新型社区公共服务供给力量，吸引更多的社区服务组织和个人，实现社区公共服务的多元化供给。要使社区公共服务供给有效运转，确保社区居民公共利益需求的真正实现，单靠政府一家来供给社区公共服务产品是不够的，因为基层政府的权力和财力毕竟有限，政府的运作机制也难以保证社区居民的需求偏好得到准确体现。因而，要保证城市社区公共服务的有效供给，满足社区居民的多方利益需求，必须使社区公共服务供给进一步市场化，发展和壮大社区公共服务的供给力量，吸引更多的社区服务组织和个人，实现社区公共服务供给主体的多元化。政府或社区居委会应该采取有效措施，创造有利条件，降低市场准入标准，鼓励和支持更多的私营企业、志愿组织和个人等投入社区公共服务供给事业。在保证城市社区公共服务供给公益性和福利性的前提下，政府可以通过财政补贴、允许适当拓展盈利空间等措施来提高私营企业提供社区公共服务的积极性，也可以通过资金支持、协助筹资等方式大力发展社区志愿服务组织和个人，从而保证社区公共服务的多元化供给。

三、实现社区公共服务资金的多渠道供给

制定优惠政策，拓宽资金来源，吸引更多的社会资金投入社区公共服务项目。目前，我国城市社区公共服务供给资金的来源主要是政府的财政拨款，其他社会资金的投入占比较小。政府有限的财政拨款和少许其他社

会资金的投入并不能满足社区公共服务供给的资金需要，资金短缺一直是我国城市社区公共服务的主要难题之一。政府应该在加大城市社区公共服务供给资金投入力度的同时，想方设法协助社区拓宽其公共服务供给的资金来源，鼓励和吸引更多的社会资金流入，实现社区公共服务资金的多渠道供给。作为社区建设和规划的主导者及社区公共服务供给资金的主要提供者，政府应该着力解决城市社区公共服务的融资和成本补偿等政策问题，实行税收优惠，吸引更多的社区公共服务组织投入更多的资金到城市社区公共服务供给项目中来。奖励和引导各种社会捐助，营造一种热爱公益、崇尚捐助的社会氛围。积极发展社区经济，鼓励社区公共服务部分项目收入的再投入，增强我国城市社区公共服务供给的"自我造血"能力。另外，还可以通过发展博彩业，如发行福利彩票、建立城市社区公共服务基金项目等渠道来筹集社区公共服务资金。

四、推动社区公共服务的法治化供给

要明晰城市社区公共服务供给主体的权责，规范社区居民民主参与程序，形成法律制度并固定下来。

首先，要明确划分各供给主体的职权和责任。属于政府职责范围内的，如基础设施、义务教育、社会保障、社会福利、社会治安、违章建筑清理等社区居委会、其他组织或个人无法提供的公共服务和产品应由政府负责提供，而娱乐、环保、体育健身、文化、职业培训、就业指导、社区卫生、医疗、外来人口管理、便民利民服务等应由社区居委会、私营企业、志愿组织或个人负责的则交给他们全权处理，厘清政府和社区其他各公共服务提供者之间的关系，使各社区公共服务供给主体之间权利清晰、职责分明，防止越权、越位、缺位、缺职等现象的产生，提高社区公共服务供给的质量和效率。同时，各城市社区公共服务供给主体之间要相互监督，及时反馈，主动接受社区居民和其他社会组织或个人的监督。

其次，要规范我国城市社区居民的民主参与程序，妥善解决社区居民民主参与的一系列重要问题，如参与时间、参与条件、参与方式、参与途径和参与内容等。不同的社区要根据各自不同的实际情况制订一套详细的、操作性强的居民参与程序，本着切实反映城市社区居民需求偏好的目标，增强社区居民参与的可操作性，实现社区居民参与的程序化，真正使城市社区居民的切身利益得到表达。

最后，在明晰城市社区公共服务供给主体权责和规范城市社区居民民主参与程序的基础上，进行法律和制度建设，实现我国城市社区公共服务的法治化供给。目前，我国应尽快制定《社区公共服务职责法》《社区服务保障措施》《社区志愿者服务法》《社区议事制度》《社区成员代表职责》《社区居民参与程序》等法律和制度，并且严格按照这些法律和制度执行，确保我国城市社区公共服务供给的有序运转，实现社区公共服务供给的最优化。

参考文献

[1] 项继权. 基本公共服务均等化：政策目标与制度保障 [J]. 华中师范大学学报（人文社会科学版），2008，191（1）：2-9.

[2] 中华人民共和国国务院新闻办公室. 国家基本公共服务体系"十二五"规划（全文）[EB/OL].（2012-07-20）[2023-05-10]. http://www.scio.gov.cn/ztk/xwfb/83/8/Document/1190990/1190990_3.htm.

[3] 国家发改委，等. 国家发展改革委等部门关于印发《国家基本公共服务标准（2023年版）》的通知[EB/OL].（2023-07-30）[2023-08-23]. https://www.gov.cn/zhengce/zhengceku/202308/content_6897591.htm.

[4] 孔薇. 中国基本公共服务供给区域差异研究 [D]. 长春：吉林大学，2019：53.

[5] 郑琳. 非营利组织在社区建设中的角色及功能 [J]. 人民论坛，2012（5）：38-39.

[6] 亚里士多德. 政治学 [M]. 吴寿彭，译. 北京：商务印书馆，1983.

[7] 霍布斯. 利维坦 [M]. 黎思复，黎廷弼，译. 北京：商务印书馆，1985.

[8] 吴爱明，沈荣华，王立平，等. 服务型政府职能体系 [M]. 北京：人民出版社，2009.

[9] 狄骥. 公法的变迁：法律与国家 [M]. 郑戈，冷静，译. 辽宁：春风文艺出版社，辽海出版社，1999.

[10] 蒋牧宸. 地方政府公共服务供给机制改革研究 [D]. 武汉：武汉大学，2014.

[11] MUSGRAVE R A. The voluntary exchange theory of public economy [J]. The Quarterly Journal of Economics，1939，53（2）：213-237.

[12] SAMUELSON P A. The pure theory of public expenditure [J]. The Review of Economics and Statistics，1954，36（4）：387-389.

［13］BUCHANAN J M. An economic theory of clubs ［J］. Economica, 1965, 32 (125): 1-14.

［14］马英娟. 公共服务: 概念溯源与标准厘定 ［J］. 河北大学学报 (哲学社会科学版), 2013 (2): 75-80.

［15］柏良泽. "公共服务" 界说 ［J］. 中国行政管理, 2008 (2): 19-22.

［16］陈振明. 公共服务导论 ［M］. 北京: 北京大学出版社, 2011.

［17］王亮. 日本公共服务供给体系研究 ［D］. 长春: 吉林大学, 2021.

［18］HOOD C. A public management for all seasons? ［J］. Public Administration, 1991, 69 (1): 3-19.

［19］奥斯本, 盖布勒. 改革政府: 企业家精神如何改革着公共部门 ［M］. 周敦仁, 译. 上海: 上海译文出版社, 2006.

［20］CAPAM. Government in transition ［M］. London: Commonwealth Secretariat, 1995.

［21］KETTL D F. The global public management revolution: a report on the transformation of governance ［M］. Brooking: Brookings Institution Press, 2000.

［22］GRUENING G. Origin and theoretical basis of new public management ［J］. International Public Management Journal, 2001, 4 (1): 1-25.

［23］陈振明. 评西方的 "新公共管理" 范式 ［J］. 中国社会科学, 2000 (6): 73-82, 207.

［24］BISWAS A. New public management: 10 principles, and features ［EB/OL］. (2020 - 09 - 20) ［2023 - 10 - 15］. https://schoolofpoliticalscience.com/new-public-management/.

［25］徐凯赟. 全面建成小康社会进程中的公共服务供给方式研究 ［D］. 北京: 中共中央党校, 2017.

［26］INGRAHAM P W, ROSENBLOOM D H, EDLUND C. The new public personnel and the new public service ［J］. International Journal of Public Administration, 1998, 21 (6-8): 995-1025.

［27］谭功荣. 西方公共行政学思想与流派 ［M］. 北京: 北京大学出版社, 2008.

［28］珍妮特·V. 登哈特, 罗伯特·B. 登哈特. 新公共服务: 服务, 而不是掌舵 ［M］. 丁煌, 译. 北京: 中国人民大学出版社, 2010.

[29] 朱满良，高轩. 从新公共管理到新公共服务：缘起、争辩及启示 [J]. 中共中央党校学报，2010，14（4）：64-67.

[30] DENHARDT J V, DENHARDT R B. The new public service revisited [J]. Public Administration Review, 2015, 75 (5): 664-672.

[31] 庇古. 福利经济学 [M]. 朱泱，张胜纪，吴良健，译. 北京：商务印书馆，2006.

[32] MARCHIONATTI R, GAMBINO E. Pareto and political economy as a science: methodological revolution and analytical advances in economic theory in the 1890s [J]. Journal of Political Economy, 1997, 105 (6): 1322-1348.

[33] KALDOR N. Welfare propositions of economics and interpersonal comparisons of utility [J]. The Economic Journal, 1939, 49 (195): 549-552.

[34] BURK A. A reformulation of certain aspects of welfare economics [J]. The Quarterly Journal of Economics, 1938, 52 (2): 310-334.

[35] 阿罗. 社会选择与个人价值 [M]. 丁建峰，译. 上海：格致出版社，2020.

[36] LIPSEY R G, LANCASTER K. The general theory of second best [J]. The Review of Economic Studies, 1956, 24 (1): 11-32.

[37] 罗尔斯. 正义论 [M]. 何怀宏，何包钢，廖申白，译. 北京：中国社会科学出版社，2006.

[38] 苏明，刘军民，等. 转变发展方式背景下的基本公共服务均等化与减贫 [M]. 北京：中国农业出版社，2011.

[39] 郭义贵. 从济贫法到福利国家：论英国社会立法的进程及其作用与影响 [J]. 华中科技大学学报（人文社会科学版），2002（3）：29-33.

[40] 胡常萍. 十九世纪中后期英国城市改造的启示：以公共卫生体系建立为中心的考察 [J]. 上海城市管理职业技术学院学报，2008，107 (5): 27-29.

[41] 郭伟锋，杨和平. 英国政府的"人民预算"探源 [J]. 武夷学院学报，2008，81（1）：79-82.

[42] 汪来杰. 西方国家公共服务的变化：轨迹与特征 [J]. 社会主义研究，2007，176（6）：89-92.

[43] 刘志昌. 基本公共服务均等化的变迁及其逻辑：一个解释框架 [J]. 社会主义研究，2014，215（3）：119-124.

［44］郁建兴. 中国的公共服务体系：发展历程、社会政策与体制机制
［J］. 学术月刊，2011，43（3）：5-17.

［45］尹华，朱明仕. 论我国公共服务供给主体多元化协调机制的构建
［J］. 经济问题探索，2011，348（7）：13-17.

［46］沃尔夫. 市场或政府：权衡两种不完善的选择/兰德公司的一项
研究［M］. 谢旭，译. 北京：中国发展出版社，1994.

［47］宋世明. 美国行政改革研究［M］. 北京：国家行政学院出版社，
1999.

［48］詹中原. 民营化政策：公共行政理论与实务之分析［M］. 台北：
五南图书出版公司，1983.

［49］沃尔夫. 管理21世纪的非营利组织［M］. 胡春艳，董文琪，译.
北京：商务印书馆，2016.

［50］萨瓦斯. 民营化与公私部门的伙伴关系［M］. 周志忍，译. 北
京：中国人民大学出版社，2002.

［51］BARNOW B. Vouchers for government-sponsored targeted training
programs［A］. Vouchers and Related Delivery Mechanisms：Consumer Choice
in the Provision of Public Services，1999.

［52］杨菊华，杜声红. 长期照护保险资金筹措：现状、困境与对策思
考［J］. 中国卫生政策研究，2018，11（8）：8-14.

［53］茆长宝，穆光宗，武继磊. 少子老龄化背景下全面二孩政策与鼓
励生育模拟分析［J］. 人口与发展，2018，24（4）：56-65，76.

［54］邬沧萍，姜向群. "健康老龄化"战略刍议［J］. 中国社会科学，
1996（5）：52-64.

［55］陈小月. "健康老龄化"社会评价指标的探索［J］. 中国人口科
学，1998（3）：51-56.

［56］王学义. 健康老龄化：人口老龄化的对策［J］. 西南民族学院学
报：哲学社会科学版，2002，23（12）：131-135.

［57］赵晓芳. 健康老龄化背景下"医养结合"养老服务模式研究
［J］. 兰州学刊，2014（9）：129-136.

［58］穆光宗. 老年发展论：21世纪成功老龄化战略的基本框架［J］.
人口研究，2002，26（6）：29-37.

［59］穆光宗. 成功老龄化：中国老龄治理的战略构想［J］. 国家行政

学院学报，2015（3）：55-61.

[60] 崔淼. 成功老龄化毕生控制理论研究：控制策略、自尊与生活满意度 [D]. 上海：华东师范大学，2003.

[61] 王叶梅，陈国鹏，宋怡. 成功老龄化的 SOC 模型研究综述 [J]. 心理科学，2007（2）：377-379.

[62] 张倩. 当代中国"积极老龄化"的伦理探究 [D]. 长沙：湖南师范大学，2016.

[63] 曹煜玲. 中国城市养老服务体系研究 [M]. 北京：中国财政经济出版社，2014.

[64] 文强. 我国城市多元化养老服务体系建设研究 [D]. 西安：西北大学，2008.

[65] 陈英姿，满海霞. 中国养老公共服务供给研究 [J]. 人口学刊，2013，197（1）：22-26.

[66] 王丹. 我国居家养老服务体系构建及运营模式研究 [D]. 昆明：云南大学，2010.

[67] 吕世为. 人口老龄化背景下吉林省养老服务体系研究 [D]. 长春：吉林大学，2013.

[68] 刘一玲. 农村老年人养老需求及其影响因素研究 [D]. 桂林：广西师范大学，2010.

[69] 王海英，牟永福. 政府购买居家养老服务的运行困境及破解路径 [J]. 经济研究参考，2015（40）：56-59.

[70] 赵丽宏. 城市居家养老生活照料体系研究 [J]. 学术交流，2007（10）：123-125.

[71] 吕红平，刘月芳. 职工养老保险：危机与出路 [J]. 市场与人口分析，1999（5）：32-35.

[72] 刘军奎. 改革开放以来农村社区家庭养老变迁研究 [D]. 兰州：西北师范大学，2005.

[73] 刘书鹤，高利平，徐凤民. 计划生育治本之策的探索：潍坊市农村计划生育补充养老保险调查 [J]. 市场与人口分析，2004（5）：33-35.

[74] 边恕，黎蔺娴. 积极老龄化视角下的我国多维养老服务体系研究 [J]. 辽宁大学学报（哲学社会科学版），2019，47（2）：83-91.

[75] 安体富，任强. 中国省际基本公共服务均等化水平的变化趋势：

2000 年至 2010 年 [J]. 财政监督, 2012, 236 (15): 20-23.

[76] 孟艳春. 中国养老模式优化探析 [J]. 当代经济管理, 2010, 32 (9): 56-58.

[77] 李洪心, 李巍. 国内外养老模式研究 [J]. 经济与管理, 2012, 26 (12): 18-22.

[78] 朱俊生. 养老保险的双重困境与提升自我保障能力 [J]. 黑龙江社会科学, 2013, 138 (3): 68-72.

[79] 胡湛, 彭希哲. 应对中国人口老龄化的治理选择 [J]. 中国社会科学, 2018, 276 (12): 134-155, 202.

[80] 褚湜婧, 王猛, 杨胜慧. 典型福利类型下居家养老服务的国际比较及启示 [J]. 人口与经济, 2015, 211 (4): 119-126.

[81] 李海舰, 李文杰, 李然. 中国未来养老模式研究: 基于时间银行的拓展路径 [J]. 管理世界, 2020, 36 (3): 76-90.

[82] 石玎. 居家养老概念辨析、热点议题与研究趋势 [J]. 社会保障研究, 2018, 60 (5): 56-63.

[83] 阳义南. 家庭资助计划: 完善农村家庭养老功能的政策创新 [J]. 人口与经济, 2005 (1): 44-47.

[84] 陈芳, 方长春. 从 "家庭照料" 到 "生活自理": 欠发达地区农村老年照料方式研究 [J]. 山西师大学报 (社会科学版), 2013, 40 (4): 48-53.

[85] 刘奕, 李晓娜. 数字时代我国社区智慧养老模式比较与优化路径研究 [J]. 电子政务, 2022, 233 (5): 112-124.

[86] 张丽, 毕红霞. 基于 SEM 的农村互助养老选择意愿及影响因素分析 [J]. 调研世界, 2018, 303 (12): 44-49.

[87] 陈松林, 樊婷婷, 高丽杰. 时间银行互助养老模式发展问题与对策 [J]. 安徽建筑大学学报, 2021, 29 (6): 88-92.

[88] 刘晓梅, 乌晓琳. 农村互助养老的实践经验与政策指向 [J]. 江汉论坛, 2018, 475 (1): 46-50.

[89] 王成, 丁社教. 政府购买居家养老服务质量评价: 多维内涵、指标构建与实例应用 [J]. 人口与经济, 2018, 229 (4): 12-20.

[90] 封铁英, 马朵朵. 包容性发展视域下社区居家养老服务资源密度分布与均等化评估 [J]. 西北大学学报 (哲学社会科学版), 2020, 50

（4）：108-119.

[91] 张文娟，魏蒙. 城市老年人的机构养老意愿及影响因素研究：以北京市西城区为例 [J]. 人口与经济，2014，207（6）：22-34.

[92] 景楠. "望闻问切" 把脉养老机构健康发展 [J]. 人民论坛，2020，667（2）：82-83.

[93] 钟仁耀，孙昕. 公建民营养老机构发展的目标定位研究：以上海市为例 [J]. 社会工作，2020，291（6）：33-40，109.

[94] 俞纤，张晓芹，陈杨，等. 对养老机构老年人实施身体约束的伦理思考 [J]. 中国医学伦理学，2021，34（7）：866-871.

[95] 国家统计局. 第七次全国人口普查主要数据情况[DB/OL].（2023-02-03）[2023-05-05].http://www.stats.gov.cn/sj/zxfb/202302/t202302 03_1901080. html.

[96] 中国保险行业协会，中国社会科学院人口与劳动经济研究所. 2018—2019中国长期护理调研报告[DB/OL].（2020-07-06）[2023-05-05].http://www.iachina.cn/art/2020/7/6/art_22_104560. html.

[97] 贾西津. 第三次改革：中国非营利部门战略研究 [M]. 北京：清华大学出版社，2005.

[98] 国家统计局. 第七次全国人口普查主要数据情况[DB/OL].（2023-02-03）[2023-05-05]. http://www.stats.gov.cn/sj/zxfb/202302/t20230203_1901080.html.

[99] 国家统计局. 中国统计年鉴[DB/OL].（2022-07-08）[2023-05-05].http://www.stats.gov.cn/sj/ndsj/2022/indexch.htm.

[100] 中华人民共和国老年人权益保障法 [N]. 人民日报，2013-01-21（16）.

[101] 阳旭东. 西部民族地区农村养老服务的行为逻辑与实践探索：基于贵州黔东南M村养老院的个案研究 [J]. 青海民族研究，2019，30（1）：118-123.

[102] 孙兰英，苏长好，杜青英. 农村老年人养老决策行为影响因素研究 [J]. 人口与发展，2019，25（6）：107-116.

[103] 中华人民共和国人力资源和社会保障部. 2021年度人力资源和社会保障事业发展统计公报[EB/OL].（2022-06-07）[2023-05-04].http://www.mohrss.gov.cn/SYrlzyhshbzb/zwgk/szrs/tjgb/202206/W0202206075

72932236389.

[104] 党俊武，魏彦彦，刘妮娜.中国城乡老年人生活状况调查报告 (2018) [M].北京：社会科学文献出版社，2018.

[105] Li F, Otani J. Financing elderly people's long-term care needs: evidence from China [J]. International Journal of Health Planning and Management, 2018, 33 (10): 479-488.

[106] 宁吉喆.国民经济量增质升"十四五"实现良好开局[EB/OL]. (2022-02-01) [2023-05-18]. https://www.cs.com.cn/xwzx/hg/202202/t20220201_6240048.html.

[107] 中国发展研究基金会.中国发展报告2020[EB/OL].(2021-05-04)[2023-05-18].https://www.cdrf.org.cn/jjhdt/5450.htm.

[108] Chudhery M A Z, Safdar S, Huo J, et al. Proposing and empirically investigating a mobile-based outpatient healthcare service delivery framework using stimulus-organism-response theory [C]. IEEE Transactions on Engineering Management, 2021: 1-14.

[109] 张恺悌.美国养老 [M].北京：中国社会出版社，2010.

[110] 杨哲.美国养老保障体制及其对我国的启示 [D].山东：山东财经大学，2012.

[111] 膳书堂文化.世界地理精华 [M].北京：中国画报出版社，2010.

[112] IRACEMA L, KEIKO K, SABINA V, et al. Dementia in "super-aged" Japan: challenges and solutions [J]. Neurodegenerative Disease Management, 2021, 8 (4): 257-266.

[113] KENJI W, SHIGERU N, KENJIRO K, et al. Trends in incidence of end-stage renal disease in Japan, 1983—2000: age-adjusted and age-specific rates by gender and cause. [J]. Nephrol Dial Transplant, 2004 (8): 2044-2052.

[114] GILL L, BRADLEY S L, CAMERON I D, et al. How do clients in Australia experience consumer directed care? [J]. BMC Geriatrics, 2018, 18 (1): 148-160.

[115] 李津蓉.澳大利亚老年护理服务业发展的经验与启示 [J].中国民政，2017, 606 (9): 57-58.

[116] 陈丽, 冯晓霞. 澳大利亚养老护理模式及对我国老年护理发展的思考 [J]. 海南医学, 2012, 23 (10): 146-148.

[117] 李绵利. 澳大利亚老年护理综合评估体系介绍及其对我国养老服务的启示 [J]. 护理研究, 2021, 35 (14): 2546-2550.

[118] THOMAS, B. The public employment service in a changing labour market [J]. The International Journal of Public Sector Management, 2001, 14 (6): 524-525.

[119] 王阳. 中国公共就业服务的供给机制: 以国外就业服务供给经验为参照 [J]. 经济与管理研究, 2015, 36 (9): 53-59.

[120] 国务院法制办公室. 就业服务与就业管理规定 [M]. 北京: 中国劳动社会保障出版社, 2008.

[121] 斯密. 国民财富的性质和原因的研究: 下 [M]. 郭大力, 王亚南, 译. 北京: 商务印书馆, 2008.

[122] 休谟. 人性论 [M]. 关文运, 译. 北京: 商务印书馆, 1983.

[123] 王爱学, 赵定涛. 西方公共产品理论回顾与前瞻 [J]. 江淮论坛, 2007, 224 (4): 38-43.

[124] 金冰洁. 我国政府购买公共服务的运行机制及创新路径研究 [M]. 北京: 北京理工大学出版社, 2017.

[125] BUCHANAN JM. An economic theory of clubs [J]. Economica. 1965, 32 (125): 1-14.

[126] 王广正. 论组织和国家中的公共物品 [J]. 管理世界, 1997 (1): 210-213.

[127] HARDING. The tragedy of the commons [J]. Science. 1968 (162): 1243-1248.

[128] 吕恒立. 试论公共产品的私人供给 [J]. 天津师范大学学报 (社会科学版), 2002 (3): 1-6, 11.

[129] 李雪萍. 城市社区公共产品供给机制论析 [J]. 社会科学研究, 2009, 182 (3): 99-103.

[130] 曲延春. 农村公共产品的非政府组织供给: 理论逻辑、现实困境与路径选择 [J]. 农村经济, 2015, 398 (12): 21-24.

[131] 陈世伟. 我国农村公共服务供给主体多元参与机制构建研究 [J]. 求实, 2010, 345 (1): 90-93.

[132] 穆睿. 搜寻匹配理论研究综述及其政策启示 [J]. 西北农林科技大学学报（社会科学版），2012，12（5）：96-101.

[133] 邢丽娟，冯丽娜，苏惠芝. 诺贝尔经济学大师的创新视角 [M]. 北京：中国商务出版社，2015.

[134] PRIES M, ROGERSON R. Search frictions and labor market participation. [J] European Economic Review. 2009, 53（5）：568-587.

[135] MICHAILLAT P. Do matching frictions explain unemployment? Not in bad times. [J] American Economic Review, 2012, 102（4）：1721-1750.

[136] MOSCARINI G. Job matching and the wage distribution [J]. Econometrica. 2005, 73（2）：481-516.

[137] 谢秀军，陈跃. 新中国 70 年就业政策的变迁 [J]. 改革，2019，302（4）：16-26.

[138] 吴宏洛. 中国就业问题研究 [M]. 福州：福建教育出版社，2001.

[139] 国家统计局社会统计司. 中国劳动工资统计资料 1949—1985 [M]. 北京：中国统计出版社，1987.

[140] 国家统计局人口与就业统计司，劳动部综合计划与工资司. 中国劳动统计年鉴 1997 [M]. 北京：中国统计出版社，1997：8.

[141] KUIJS L. China through 2020：a macroeconomic scenario [R]. World Bank China Office Research Working Paper, 2010.

[142] 文东伟，冼国明，马静. FDI、产业结构变迁与中国的出口竞争力 [J]. 管理世界，2009（4）：96-107.

[143] 张明龙. 我国就业政策的六十年变迁 [J]. 经济理论与经济管理，2009，226（10）：21-26.

[144] 莫荣，等. 中国积极就业政策：形成、发展和完善 [M]. 北京：社会科学文献出版社，2015.

[145] 蔡昉. 在更高水平上实施就业优先战略 [J]. 中国人口科学，2022，213（6）：2-7.

[146] 中华人民共和国国务院新闻办公室. 人类减贫的中国实践 [M]. 北京：人民出版社，2021.

[147] 李心萍. 五年就业扶贫成效显著 [N]. 人民日报，2020-11-20（3）.

[148] 人社部扶贫工作领导小组办公室. 全面打赢人力资源社会保障脱贫攻坚战 [J]. 中国人力资源社会保障, 2019 (12): 11-13.

[149] 孟繁锦, 王玉霞, 王琦. 疫情期间扶持中小微企业发展与保障就业研究 [J]. 工业技术经济, 2020, 39 (10): 15-20.

[150] 中华人民共和国中央人民政府. 2022 年中国财政政策执行情况报告[EB/OL]. (2023-03-21) [2023-05-02]. http://www.gov.cn/xinwen/2023-03/21/content_5747677.htm.

[151] 王丽平. 我国公共就业服务机构建设研究 [J]. 中国行政管理, 2013, 339 (9): 30-33.

[152] 王飞鹏. 中国公共就业服务均等化问题研究 [M]. 北京: 首都经济贸易大学出版社, 2013.

[153] 苗红培. 多元主体合作供给: 基本公共服务供给侧结构性改革的路径 [J]. 山东大学学报 (哲学社会科学版), 2019, 235 (4): 31-39.

[154] 史传林. 农村公共服务社会化的模式构建与策略探讨 [J]. 中国行政管理, 2008 (6): 56-59.

[155] 人民出版社. 中华人民共和国就业促进法 [M]. 北京: 人民出版社, 2007.

[156] 国务院. 国务院关于印发"十四五"就业促进规划的通知[EB/OL]. (2021-08-23) [2023-04-21]. http://www.gov.cn/zhengce/zhengceku/2021-08/27/content_5633714.htm.

[157] 中华人民共和国人力资源和社会保障部. 2023 年一季度新闻发布会答问实录[EB/OL]. (2023-04-24) [2023-05-19]. http://www.mohrss.gov.cn/xxgk2020/fdzdgknr/zcjd/xwfbh/lxxwfbh/202304/t20230428_499258.html.

[158] 科学技术部火炬高技术产业开发中心.《中国创业孵化发展报告(2022)》发布[EB/OL]. (2022-09-26) [2023-05-20]. http://dsjy.china-torch.gov.cn/kjb/hjdt/202209/ba72e1e68bc946d7a80f48a8ab690bd6.shtml.

[159] 孙亚政. 狠抓"三联三提升"雨露计划结硕果 [J]. 中国乡村振兴, 2022 (13): 34.

[160] 人民出版社. 中华人民共和国国民经济和社会发展第十四个五年规划和 2035 年远景目标纲要 [M]. 北京: 人民出版社, 2021.

[161] 中华人民共和国农业农村部. 国家发改委: 十三五启动实施重点革命老区振兴计划[EB/OL]. (2016-02-23) [2023-04-3]. http://www.

moa. gov. cn/xw/qg/201602/t20160223_5026820. htm.

　　[162] 李心萍. 让脱贫人口端稳就业饭碗 [N]. 人民日报, 2022-04-25 (14).

　　[163] 中华人民共和国中央人民政府. 2022 年农民工监测调查报告 [EB/OL]. (2023-04-28) [2023-05-26]. http://www.gov.cn/lianbo/2023-04/28/content_5753682. htm.

　　[164] 国家信息中心国家电子政务外网管理中心. 中国共享经济发展报告 (2021) [EB/OL]. (2021-02-19) [2023-05-30]. http://www.sic. gov.cn/News/557/10779. htm.

　　[165] 中华人民共和国中央人民政府. 目前我国灵活就业规模达 2 亿人 [EB/OL]. (2021-05-20) [2023-05-08]. Http://www.gov.cn/xinwen/2021-05/20/content_5609599. htm.

　　[166] 劳动和社会保障部国际合作司, 劳动和社会保障部培训就业司. 变化中的劳动力市场: 公共就业服务 [M]. 北京: 中国劳动社会保障出版社, 2002.

　　[167] 柏培文. 中国劳动要素配置扭曲程度的测量 [J]. 中国工业经济, 2012 (10): 19-31.

　　[168] 罗楚亮, 刘盼. 公共就业服务机构匹配效率及其地区差异 [J]. 管理世界, 2022, 38 (7): 133-147.

　　[169] 刘洋. 公共就业和人才服务机构整合研究 [J]. 中国行政管理, 2018, 400 (10): 46-50.

　　[170] 吴月. 社会服务内卷化及其发生逻辑: 一项经验研究 [J]. 江汉论坛, 2015 (6): 131-137.

　　[171] 李蕊. 公共服务供给权责配置研究 [J]. 中国法学, 2019, 210 (4): 128-144.

　　[172] 詹国彬. 公共服务逆向合同外包的理论机理: 现实动因与制度安排 [J]. 政治学研究, 2015 (4): 106-117.

　　[173] 徐新鹏, 袁文全. 新就业形态下灵活就业群体劳动权益保障研究 [J]. 中州学刊, 2023, 313 (1): 61-69.

　　[174] 本书编写组. 决胜全面建成小康社会 夺取新时代中国特色社会主义伟大胜利 党的十九大报告单行本 [M]. 北京: 人民出版社, 2017.

　　[175] 赵春蕾. 我国基本公共服务均等化路径研究 [J]. 经济纵横,

2015, 361 (12)：18-21.

[176] 何文炯. 共同富裕视角下的基本公共服务制度优化 [J]. 中国人口科学，2022 (1)：2-15, 126.

[177] 陆铭，陈钊. 城市化、城市倾向的经济政策与城乡收入差距 [J]. 经济研究，2004 (6)：50-58.

[178] 缪小林，高跃光. 城乡公共服务：从均等化到一体化：兼论落后地区如何破除经济赶超下的城乡"二元"困局 [J]. 财经研究，2016，42 (7)：75-86.

[179] 熊兴，余兴厚，王宇昕. 推进基本公共服务领域供给侧结构性改革的路径择定 [J]. 当代经济管理，2019, 41 (1)：44-53.

[180] 韩保江，李志斌. 中国式现代化：特征、挑战与路径 [J]. 管理世界，2022, 38 (11)：29-43.

[181] 莫荣. 就业优先实现从战略到政策的转变 [N]. 光明日报，2022-05-31 (5).

[182] 代明，袁沙沙. 国内外城市社区服务研究综述 [J]. 城市问题，2010 (11)：25-33.

[183] 刘杰. 从行政主导到福利治理：社区服务的范式演变及其未来走向 [J]. 新视野，2016 (5)：92-97.

[184] 陈雅丽. 城市社区服务供给体系及问题解析：以福利多元主义理论为视角 [J]. 理论导刊，2010 (2)：13-15.

[185] 夏建中. 从社区服务到社区建设再到社区治理：我国社区发展的三个阶段 [J]. 甘肃社会科学，2019 (6)：24-32.

[186] 陈洪涛，王名. 社会组织在建设城市社区服务体系中的作用：基于居民参与型社区社会组织的视角 [J]. 行政论坛，2009, 16 (1)：67-70.

[187] 李迎生. 对中国城市社区服务发展方向的思考 [J]. 河北学刊，2009, 29 (1)：134-138, 144.

[188] 冯猛. 城市社区服务的供需匹配：模型构建及其应用 [J]. 福建论坛（人文社会科学版），2016, 285 (2)：142-150.

[189] 张农科. 关于我国物业管理模式的反思与再造 [J]. 城市问题，2012 (5)：2-14.

[190] 陈洪涛，王名. 社会组织在建设城市社区服务体系中的作用：基于居民参与型社区社会组织的视角 [J]. 行政论坛，2009, 16 (1)：67-70.

[191] 黄晓春，周黎安. 政府治理机制转型与社会组织发展 [J]. 中国社会科学，2017（11）：118-138，206-207.

[192] 张云翔. 公共服务的共同生产：文献综述及其启示 [J]. 甘肃行政学院学报，2018（5）：31-45，126.

[193] 上海市徐汇区统计局. 徐汇区统计年鉴2022 [M]. 上海：上海书店出版社，2022.

[194] 庞娟. 城市社区公共产品供给机制研究：基于利益相关者理论的视角 [J]. 城市发展研究，2010（8）：131-135.

[195] 姜德琪. 关于构建城市社区公共服务供给平台的思考 [J]. 湖北社会科学，2009（3）：51-54.

[196] 吴新叶."精英下沉"有利于优化人才结构和基层治理 [J]. 探索与争鸣，2015（10）：24-26.

附　录

国家基本公共服务标准（2023 年版）

目录

六、住有所居

15. 公租房服务

16. 住房改造服务

七、弱有所扶

17. 社会救助服务

18. 公共法律服务

19. 扶残助残服务

八、优军服务保障

20. 优军优抚服务

九、文体服务保障

21. 公共文化服务

22. 公共体育服务

一、幼有所育

1. 优孕优生服务

（1）农村免费孕前优生健康检查

服务对象：农村计划怀孕夫妇。

服务内容：免费为农村计划怀孕夫妇每孩次提供 1 次孕前优生健康检查。符合条件的流动人口计划怀孕夫妇，可在现居住地接受该项服务，享受与户籍人口同等待遇。

服务标准：按照《国家免费孕前优生健康检查项目试点工作技术服务规范（试行）》执行。

支出责任：中央财政和地方财政共同承担支出责任。

牵头负责单位：国家卫生健康委。

（2）孕产妇健康服务

服务对象：孕产妇。

服务内容：免费为孕产妇规范提供 1 次孕早期健康检查、2 次孕中期健康检查、2 次孕晚期健康检查、1 次产后访视和健康指导、1 次产后 42 天健康检查等服务。

服务标准：按照《国家基本公共卫生服务规范（第三版）》执行。

支出责任：中央财政和地方财政共同承担支出责任。

牵头负责单位：国家卫生健康委。

（3）增补叶酸预防神经管缺陷服务

服务对象：农村计划怀孕生育

服务内容：为准备怀孕的农村生育妇女在孕前 3 个月至孕早期 3 个月增补叶酸，并提供健康指导、追踪随访等服务。

服务标准：按照《新划入基本公共卫生服务相关工作规范（2019 年版）》执行。

支出责任：中央财政和地方财政共同承担支出责任。

牵头负责单位：国家卫生健康委。

（4）基本避孕服务

服务对象：育龄夫妇。

服务内容：免费提供基本避孕药具和免费实施基本避孕手术。

服务标准：1. 免费基本避孕药具：在省级集中采购环节用于购买免费基本避孕药具；在省、市、县、乡各级存储和调拨环节主要用于药具运输、仓储设备购置和维护，仓储场地租用、质量抽查检测、记录等工作；在发放服务环节主要用于服务机构开展咨询指导、初诊排查、提供药具和信息登记等服务。2. 免费基本避孕手术和随访服务：免费基本避孕手术结算标准按照省级卫生健康行政部门、财政部门、发展改革部门和物价部门等印发的现行医疗服务价目执行，结算项目内容依据《临床诊疗指南与技术操作规范：计划生育分册》（2017 修订版）和《绝经后宫内节育器取出技术指南》确定。

支出责任：基本避孕药具资金由中央财政和地方财政共同承担，用于避孕药具政府采购、存储和调拨、发放等服务。手术及技术常规所规定的各项医学检查经费由中央财政和地方财政共同承担。

牵头负责单位：国家卫生健康委。

（5）生育保险

服务对象：符合条件的参保缴费人员。

服务内容：符合条件的参保人员可按规定享受相应的生育津贴和生育医疗费用待遇。

服务标准：生育保险待遇标准按照《中华人民共和国社会保险法》等有关规定执行。其中，生育津贴按职工所在用人单位上年度职工月平均工资计发。

支出责任：用人单位缴纳生育保险费。符合规定的参保人员享受生育保险待遇所需资金从职工基本医疗保险基金（含生育保险基金）中支付。

牵头负责单位：国家医保局。

2. 儿童健康服务

（6）预防接种

服务对象：0~6岁儿童。

服务内容：对适龄儿童按国家免疫规划疫苗免疫程序进行常规接种。

服务标准：按照《国家基本公共卫生服务规范（第三版）》《预防接种工作规范（2016年版）》执行。以乡镇（街道）为单位，适龄儿童免疫规划疫苗接种率达到90%以上。

支出责任：中央财政和地方财政共同承担支出责任。

牵头负责单位：国家卫生健康委、国家疾控局。

（7）儿童健康管理

服务对象：0~6岁儿童。

服务内容：为辖区内的常住0~6岁儿童提供13次（出院后1周内、满月、3月龄、6月龄、8月龄、12月龄、18月龄、24月龄、30月龄、3岁、4岁、5岁、6岁各一次）免费健康检查，具体包括：新生儿访视、新生儿满月健康管理，开展体格检查、生长发育和心理行为发育评估，听力、视力和口腔筛查，进行科学喂养（合理膳食）、生长发育、疾病预防、预防伤害、口腔保健等健康指导；为0~3岁儿童每年提供2次中医调养服务，向儿童家长教授儿童中医饮食调养、起居活动指导和摩腹捏脊穴位按揉方法。

服务标准：按照《国家基本公共卫生服务规范（第三版）》执行。

支出责任：中央财政和地方财政共同承担支出责任。

牵头负责单位：国家卫生健康委、国家中医药局。

3. 儿童关爱服务

（8）特殊儿童群体基本生活保障

服务对象：孤儿、艾滋病病毒感染儿童、事实无人抚养儿童。

服务内容：为孤儿、艾滋病病毒感染儿童发放基本生活费。为事实无人抚养儿童发放基本生活补贴。

服务标准：各省、自治区、直辖市按照保障孤儿的基本生活不低于当地平均生活水平的原则，合理确定孤儿基本生活标准。艾滋病病毒感染儿童基本生活费发放标准参照当地孤儿基本生活费标准，事实无人抚养儿童基本生活补贴标准按照与当地孤儿保障标准相衔接的原则确定。

支出责任：地方人民政府负责，中央财政适当补助。

牵头负责单位：民政部。

（9）困境儿童保障

服务对象：因家庭贫困导致生活、就医、就学等困难的儿童，因自身残疾导致康复、照料、护理和社会融入等困难的儿童，以及因家庭监护缺失或监护不当遭受虐待、遗弃、意外伤害、不法侵害等导致人身安全受到威胁或侵害的儿童。

服务内容：为困境儿童提供基本生活保障、基本医疗保障、教育保障，落实抚养监护责任。为残疾的困境儿童提供康复救助等福利服务。

服务标准：按照《国务院关于加强困境儿童保障工作的意见》及地方相关标准执行；困境儿童信息系统一季度更新一次；村（居）委会建立困境儿童信息台账，一人一档，村（居）委会儿童主任定期走访，并有详细走访记录。

支出责任：地方人民政府负责。

牵头负责单位：民政部。

（10）农村留守儿童关爱保护

服务对象：父母双方外出务工或一方外出务工另一方无监护能力、未满16周岁的农村户籍未成年人。

服务内容：指导落实家庭主体监护责任，提供家庭监护指导、心理关爱、行为矫治等服务。

服务标准：按照《国务院关于加强农村留守儿童关爱保护工作的意见》及地方相关标准执行，农村留守儿童信息系统一季度更新一次；村（居）委会建立农村留守儿童信息台账，一人一档，村（居）委会儿童主任定期走访，并有详细走访记录。

支出责任：地方人民政府负责。

牵头负责单位：民政部。

二、学有所教

4. 学前教育助学服务

（11）学前教育幼儿资助

服务对象：经县级以上教育行政部门审批设立的普惠性幼儿园在园家

庭经济困难儿童、孤儿和残疾儿童。

服务内容：减免保教费、提供补助等。具体资助内容由地方人民政府结合本地实际确定。

服务标准：具体资助方式和资助标准由地方人民政府结合本地实际自行制定。

支出责任：按照《教育领域中央与地方财政事权和支出责任划分改革方案》执行。

牵头负责单位：教育部。

5. 义务教育服务

（12）义务教育阶段免除学杂费

服务对象：义务教育学生。

服务内容：免除义务教育学生学杂费。国家对义务教育阶段公办学校公用经费予以保障，对符合条件的民办学校公用经费给予补助。

服务标准：义务教育阶段生均公用经费基准定额为小学720元，初中940元；寄宿制学校公用经费按寄宿生数年生均增加300元；农村地区不足100人的规模较小学校按100人核定公用经费；特殊教育学校和随班就读残疾学生按每生每年6 000元标准补助公用经费。

支出责任：按照《教育领域中央与地方财政事权和支出责任划分改革方案》执行。

牵头负责单位：教育部。

（13）义务教育免费提供教科书

服务对象：义务教育学生。

服务内容：免费为义务教育学生提供国家规定课程教科书。免费为小学一年级学生提供正版学生字典。免费提供地方课程教科书。

服务标准：国家规定课程教科书补助标准为：小学每生每年105元、初中每生每年180元；小学一年级字典每生14元。地方课程教科书补助标准由各地政府规定。

支出责任：按照《教育领域中央与地方财政事权和支出责任划分改革方案》执行。

牵头负责单位：教育部。

（14）义务教育家庭经济困难学生生活补助

服务对象：义务教育家庭经济困难学生。

服务内容：对义务教育家庭经济困难学生提供生活补助。

服务标准：家庭经济困难寄宿生生活补助国家基础标准为每生每年小学1 000元，初中1 250元；按照国家基础标准50%核定家庭经济困难非寄宿生生活补助标准。

支出责任：按照《教育领域中央与地方财政事权和支出责任划分改革方案》执行。

牵头负责单位：教育部。

（15）农村义务教育学生营养膳食补助

服务对象：欠发达地区农村义务教育学生。

服务内容：为农村义务教育学生营养改善计划实施地区学生提供营养膳食补助。

服务标准：国家基础标准为每生每天5元。

支出责任：按照《教育领域中央与地方财政事权和支出责任划分改革方案》执行。

牵头负责单位：教育部。

6. 普通高中助学服务

（16）普通高中国家助学金

服务对象：具有正式学籍的普通高中在校生中的家庭经济困难学生。

服务内容：为普通高中在校生中的家庭经济困难学生提供国家助学金。

服务标准：平均资助标准为每生每年2 000元。地方可以按《学生资助资金管理办法》相关规定，结合实际在1 000~3 000元范围内确定具体标准，可以分为2~3档。

支出责任：按照《教育领域中央与地方财政事权和支出责任划分改革方案》执行。

牵头负责单位：教育部。

（17）普通高中免学杂费

服务对象：具有正式学籍的普通高中建档立卡等家庭经济困难学生（含非建档立卡的家庭经济困难残疾学生、农村最低生活保障家庭学生、农村特困救助供养学生）。

服务内容：免除符合条件的普通高中家庭经济困难学生学杂费。

服务标准：免学杂费标准按各省级人民政府及其价格、财政主管部门批准的学费标准执行（不含住宿费）。对在政府教育行政部门依法批准的民办普通高中就读的符合免学杂费政策条件的学生，按照当地同类型公办普通高中免除学杂费标准给予补助。

支出责任：按照《教育领域中央与地方财政事权和支出责任划分改革方案》执行。

牵头负责单位：教育部。

7. 中等职业教育助学服务

（18）中等职业教育国家助学金

服务对象：中等职业学校全日制学历教育正式学籍一、二年级在校涉农专业学生和非涉农专业家庭经济困难学生；11个原集中连片特困地区和西藏、四省涉藏州县、新疆南疆四地州中等职业学校农村（不含县城）学生。

服务内容：为符合条件的中等职业教育在校生提供国家助学金。

服务标准：平均资助标准为每生每年2 000元。地方可以按《学生资助资金管理办法》相关规定，结合实际在1 000~3 000元范围内确定具体标准，可以分为2~3档。

支出责任：按照《教育领域中央与地方财政事权和支出责任划分改革方案》执行。

牵头负责单位：教育部、人力资源社会保障部。

（19）中等职业教育免除学费

服务对象：中等职业学校全日制学历教育正式学籍一、二、三年级在校生中所有农村（含县镇）学生、城市涉农专业学生和家庭经济困难学生、民族地区学校就读学生和戏曲表演专业学生（其他艺术类相关表演专业学生除外）。

服务内容：免除符合条件的中等职业教育在校生学费。

服务标准：按各级人民政府及其价格、财政主管部门批准的公办学校学费标准执行（不含住宿费）。

支出责任：按照《教育领域中央与地方财政事权和支出责任划分改革方案》执行。

牵头负责单位：教育部、人力资源社会保障部。

三、劳有所得

8. 就业创业服务

（20）就业信息服务

服务对象：有就业创业需求的劳动年龄人口。

服务内容：提供就业创业和劳动用工政策法规咨询；发布人力资源供求、市场工资价位、职业培训、见习岗位等信息。

服务标准：按照《公共就业服务总则》《人力资源社会保障部国家发展改革委 财政部关于推进全方位公共就业服务的指导意见》等公共就业服务标准和要求执行。

支出责任：地方人民政府负责。

牵头负责单位：人力资源社会保障部。

（21）职业介绍、职业指导和创业开业指导

服务对象：有就业创业需求的劳动年龄人口。

服务内容：为有求职需求的劳动者提供求职登记、岗位推荐、招聘会等服务；对有创业需求的劳动者提供创业开业指导等服务。服务标准：按照《公共就业服务总则》《职业指导服务规范》《高校毕业生就业指导服务规范》《职业介绍服务规范》《现场招聘会服务规范》《人力资源社会保障部 国家发展改革委 财政部关于推进全方位公共就业服务的指导意见》等公共就业服务标准和要求执行。

支出责任：地方人民政府负责。

牵头负责单位：人力资源社会保障部。

（22）就业登记与失业登记

服务对象：劳动年龄内的劳动者。

服务内容：为实现就业的劳动者提供就业登记服务。为劳动年龄内、有劳动能力、有就业要求、处于无业状态的城乡劳动者提供失业登记服务。

服务标准：按照《公共就业服务总则》《就业登记管理服务规范》《失业登记管理服务规范》《人力资源社会保障部 国家发展改革委 财政部关于推进全方位公共就业服务的指导意见》等文件和国家标准要求执行。

支出责任：地方人民政府负责。

牵头负责单位：人力资源社会保障部。

（23）流动人员人事档案管理服务

服务对象：非公有制经济组织和社会组织聘用人员，辞职辞退、解除（终止）聘用（劳动）合同、取消录（聘）用、被开除等与用人单位解除或终止人事（劳动）关系的未就业的原机关公务员、国有企事业单位的管理人员和专业技术人员、军队文职人员；未就业的高校毕业生及中专毕业生，自费出国留学及其他因私出国（境）人员、外国企业常驻代表机构的中方雇员，自由职业或灵活就业人员，其他实行社会管理人员。

服务内容：提供流动人员人事档案的接收和转递，档案材料的收集、鉴别和归档，档案的整理和保管，为符合相关规定的单位提供档案查（借）阅服务；依据档案记载出具存档、经历、亲属关系等相关证明；为相关单位提供入党、参军、录用、出国（境）等政审（考察）服务；党员组织关系的接转服务。

服务标准：按照《流动人员人事档案管理服务规定》《中共中央组织部 人力资源社会保障部等五部门关于进一步加强流动人员人事档案管理服务工作的通知》《人力资源社会保障部办公厅关于简化优化流动人员人事档案管理服务的通知》《人力资源社会保障部办公厅关于加快推进流动人员人事档案信息化建设的指导意见》《流动人员人事档案管理服务规范》等文件和国家标准要求执行。

支出责任：国务院有关部门所属人力资源服务机构开展流动人员人事档案管理服务所需经费由中央财政按规定予以补助，其余由地方人民政府负责。

牵头负责单位：人力资源社会保障部。

（24）就业见习服务

服务对象：离校 2 年内未就业高校毕业生，16~24 岁失业青年。

服务内容：为有见习意愿的离校未就业高校毕业生和失业青年提供见习岗位；为见习人员提供基本生活补助，并办理人身意外伤害保险。

服务标准：按照《国务院关于做好当前和今后一个时期促进就业工作的若干意见》《人力资源社会保障部 教育 科技部 工业和信息化部等 10 部门关于实施百万就业见习岗位募集计划的通知》《就业补助资金管理办法》等文件要求执行。

支出责任：见习人员基本生活补助所需资金由见习单位和地方人民政府分担，中央财政适当补助。

牵头负责单位：人力资源社会保障部。

（25）就业援助

服务对象：就业困难人员和零就业家庭。

服务内容：提供政策咨询、职业指导、职业介绍、职业技能培训等服务。对通过市场渠道难以实现就业创业且符合条件的，通过公益性岗位予以安置。

服务标准：按照《就业援助服务规范》《人力资源社会保障部国家发展改革委 财政部关于推进全方位公共就业服务的指导意见》《就业补助资金管理办法》等公共就业服务标准执行。零就业家庭动态"清零"。

支出责任：地方人民政府负责，中央财政适当补助。牵头负责单位：人力资源社会保障部。

（26）职业技能培训、鉴定和生活费补贴

服务对象：参加培训并符合条件的城乡各类劳动者。

服务内容：对参加培训并符合条件的城乡各类劳动者，按规定给予职业培训补贴、职业技能鉴定补贴和生活费补贴。

服务标准：具体补贴标准由各地人民政府明确。

支出责任：中央财政与地方财政共同承担支出责任，中央分担比例主要依据地方财力状况、保障对象数量等因素确定。

牵头负责单位：人力资源社会保障部。

（27）"12333"人力资源和社会保障电话服务

服务对象：所有单位和个人。

服务内容：为社会公众提供人力资源和社会保障领域的政策咨询、信息查询、信息公开、业务办理和投诉举报等服务。

服务标准：人工服务为每周 5×8 小时，自助语音服务为每周 7×24 小时，综合接通率达到 80% 以上。

支出责任：地方人民政府负责。

牵头负责单位：人力资源社会保障部。

（28）劳动关系协调

服务对象：用人单位及所有劳动者。

服务内容：提供劳动关系法规政策咨询、劳动用工、薪酬以及劳动关系矛盾纠纷化解等方面指导，提供劳动合同、集体合同示范文本和企业薪酬分配指引等服务。

服务标准：提供劳动合同、集体合同示范文本和薪酬分配指引。定期发布有关工资信息。免费提供企业工资指导线等信息。

支出责任：地方人民政府负责。国务院有关部门组织开展的企业薪酬调查和信息发布工作所需经费由中央财政予以补助，其余由地方人民政府负责。

牵头负责单位：人力资源社会保障部。

（29）劳动用工保障

服务对象：用人单位和劳动者。

服务内容：提供劳动人事争议调解仲裁和劳动保障监察执法维权等服务。

服务标准：按照《中华人民共和国劳动争议调解仲裁法》《劳动人事争议仲裁办案规则》《劳动保障监察条例》《关于实施〈劳动保障监察条例〉若干规定》执行。

支出责任：地方人民政府负责。

牵头负责单位：人力资源社会保障部。

9. 工伤失业保险服务

（30）失业保险

服务对象：依法参保并足额缴纳失业保险费的用人单位及其职工、失业人员。

服务内容：为符合条件的用人单位、职工、失业人员发放失业保险待遇。

服务标准：相关费用标准和具体方案由各省、自治区、直辖市确定。

支出责任：地方人民政府负责，在失业保险基金中支出。牵头负责单位：人力资源社会保障部。

（31）工伤保险

服务对象：符合条件的参保缴费人员。具体人员范围按照《工伤保险条例》等有关规定确定。

服务内容：提供参保经办服务。符合条件的参保人员可按规定享受相应的工伤保险待遇，具体保障内容按照《中华人民共和国社会保险法》和《工伤保险条例》等有关规定执行。

服务标准：工伤保险待遇标准按照《中华人民共和国社会保险法》和《工伤保险条例》等有关规定执行。

支出责任：用人单位缴纳工伤保险费，个人不缴费。符合条件的参保人员享受工伤保险待遇所需资金按规定从工伤保险基金中支付或由用人单位支付。

牵头负责单位：人力资源社会保障部。

四、病有所医

10. 公共卫生服务

（32）建立居民健康档案

服务对象：城乡居民。

服务内容：为辖区内常住居民（指居住半年以上的户籍及非户籍居民）建立统一、规范的电子居民健康档案。

服务标准：按照《国家基本公共卫生服务规范（第三版）》执行。

支出责任：中央财政和地方财政共同承担支出责任。牵头负责单位：国家卫生健康委。

（33）健康教育与健康素养促进

服务对象：城乡居民。

服务内容：提供健康教育、健康咨询、健康科普等服务。每年发布全国居民健康素养水平和中医药健康文化素养水平数据。

服务标准：按照《国家基本公共卫生服务规范（第三版）》执行。

支出责任：中央财政和地方财政共同承担支出责任。

牵头负责单位：国家卫生健康委、国家中医药局、国家疾控局。

（34）传染病及突发公共卫生事件报告和处理

服务对象：法定传染病病人、疑似病人、密切接触者和突发公共卫生事件伤病员及相关人群。

服务内容：及时发现、登记、报告及处理就诊的传染病病例和疑似病例以及突发公共卫生事件伤病员，提供传染病防治和突发公共卫生事件防范知识宣传与咨询服务。

服务标准：按照《国家基本公共卫生服务规范（第三版）》《传染病疫情报告管理规范（2015版）》《全国传染病信息报告管理工作技术指南（2016版）》等执行。不得瞒报、漏报、迟报法律法规规定必须报告的传染病。

支出责任：中央财政和地方财政共同承担支出责任。牵头负责单位：

国家卫生健康委、国家疾控局。

（35）卫生监督协管服务

服务对象：城乡居民。

服务内容：为辖区内居民提供食源性疾病及相关信息报告、饮用水卫生安全巡查、学校卫生服务、职业卫生监督协管服务、非法行医和非法采供血巡查、计划生育信息报告等服务。

服务标准：按照《国家基本公共卫生服务规范（第三版）》《职业卫生监督协管服务技术规范》执行。

支出责任：中央财政和地方财政共同承担支出责任。牵头负责单位：国家卫生健康委、国家疾控局。

（36）慢性病患者健康管理

服务对象：辖区内原发性高血压患者和 2 型糖尿病患者。

服务内容：为辖区内 35 岁及以上常住居民中原发性高血压患者和 2 型糖尿病患者提供筛查、随访评估、分类干预、健康体检服务。

服务标准：按照《国家基本公共卫生服务规范（第三版）》《国家基层高血压防治管理指南》和《国家基层糖尿病防治管理指南》执行。

支出责任：中央财政和地方财政共同承担支出责任。

牵头负责单位：国家卫生健康委。

（37）地方病患者健康管理

服务对象：现症地方病病人。

服务内容：为辖区内大骨节病、克山病、氟骨症、地方性砷中毒、克汀病、二度及以上甲状腺肿大、慢性和晚期血吸虫病患者建立健康档案，进行社区管理。

服务标准：对慢型克山病患者每 3 个月随访 1 次，对大骨节病、氟骨症、地方性砷中毒、克汀病、二度及以上甲状腺肿大、慢性和晚期血吸虫病患者每年随访 1 次。

支出责任：地方人民政府负责，中央财政适当补助。

牵头负责单位：国家疾控局。

（38）严重精神障碍患者健康管理

服务对象：严重精神障碍患者。

服务内容：为辖区内常住居民中诊断明确、在家居住的严重精神障碍患者提供登记管理、随访评估、分类干预等服务。

服务标准：按照《国家基本公共卫生服务规范（第三版）》执行。

支出责任：中央财政和地方财政共同承担支出责任。牵头负责单位：国家卫生健康委。

（39）结核病患者健康管理

服务对象：辖区内确诊的常住肺结核患者。

服务内容：为辖区内确诊的常住肺结核患者提供密切接触者筛查及推介转诊、入户随访、督导服药、结果评估、分类干预等服务。

服务标准：按照国家《基本公共卫生服务规范（第三版）》《中国结核病预防控制工作技术规范（2020 年版）》执行。

支出责任：中央财政和地方财政共同承担支出责任。

牵头负责单位：国家卫生健康委、国家疾控局。

（40）艾滋病病毒感染者和病人随访管理

服务对象：艾滋病病毒感染者和病人。

服务内容：提供健康咨询、行为干预、配偶/固定性伴检测、随访、督导服药等服务，配合相关机构做好转介。

服务标准：按照《艾滋病病毒感染者随访工作指南（2016 年版）》执行。

支出责任：中央财政承担。

牵头负责单位：国家疾控局。

（41）社区易感染艾滋病高危行为人群干预

服务对象：易感染艾滋病高危行为人群。

服务内容：为艾滋病性传播高危行为人群提供艾滋病预防、性与生殖健康知识，推广使用安全套，提供艾滋病、性病咨询检测等综合干预措施。

服务标准：按照《异性性传播高危人群预防艾滋病干预工作指南（2016 年版）》和《男男性行为人群预防艾滋病干预工作指南（2016 年版）》执行。

支出责任：中央财政承担。

牵头负责单位：国家疾控局。

（42）基本药物供应保障服务

服务对象：城乡居民。

服务内容：遴选适当数量的基本药物品种，满足疾病防治基本用药需求。基本药物按照规定优先纳入基本医疗保险药品目录。提高基本药物供给能力。

服务标准：按照《国家基本药物目录》及国家相关规定执行。

支出责任：地方人民政府负责，中央财政适当补助。

牵头负责单位：国家卫生健康委、国家医保局。

（43）食品药品安全保障

服务对象：城乡居民。

服务内容：提供食品安全风险监测、标准跟踪评价等服务。对食品药品医疗器械实施风险分级分类管理。

服务标准：按照《中华人民共和国食品安全法》《中华人民共和国药品管理法》《医疗器械监督管理条例》等法律法规及食品、药品安全监管部门相关规定执行。

支出责任：中央和地方人民政府分级分类负责。

牵头负责单位：市场监管总局、国家卫生健康委、国家药监局。

11. 医疗保险服务

（44）职工基本医疗保险

服务对象：符合条件的参保缴费人员。具体人员范围按照《中华人民共和国社会保险法》和《国务院关于建立城镇职工基本医疗保险制度的决定》等有关规定确定。

服务内容：符合条件的参保人员可按规定享受相应的医疗保险待遇，具体保障内容按照《中华人民共和国社会保险法》和《国务院关于建立城镇职工基本医疗保险制度的决定》等有关规定执行。服务标准：待遇标准按照《中华人民共和国社会保险法》和《国务院关于建立城镇职工基本医疗保险制度的决定》等有关规定执行。

支出责任：由用人单位和职工共同缴费。符合规定的参保人员享受职工基本医疗保险待遇所需资金从职工基本医疗保险基金中支付。

牵头负责单位：国家医保局。

（45）城乡居民基本医疗保险

服务对象：符合条件的参保缴费城乡居民。具体人员范围按照《中华人民共和国社会保险法》和《国务院关于整合城乡居民基本医疗保险制度的意见》等有关规定确定。

服务内容：提供参保经办服务。符合条件的参保人员可按规定享受相应的城乡居民基本医疗保险和大病保险待遇，具体保障内容按照《中华人民共和国社会保险法》《国务院关于整合城乡居民基本医疗保险制度的意见》和《发展改革委等六部门关于开展城乡居民大病保险工作的指导意见》等有关规定执行。

服务标准：待遇标准按照《中华人民共和国社会保险法》和《国务院关于整合城乡居民基本医疗保险制度的意见》等有关规定执行。

支出责任：城乡居民基本医疗保险实行个人缴费和政府补贴相结合，各级人民政府按规定对参保城乡居民予以缴费补助。城乡居民医保补助为中央与地方共同财政事权，中央财政按照国家规定补助标准和分档分担办法安排补助资金。为参保人员提供基本医疗保障所需资金从城乡居民基本医疗保险基金中支出。

牵头负责单位：国家医保局、税务总局。

12. 计划生育扶助服务

（46）农村符合条件的计划生育家庭奖励扶助

服务对象：只有一个子女或两个女孩的农村部分计划生育家庭夫妇。

服务内容：为符合条件的农村部分计划生育家庭夫妇发放奖励扶助金。

服务标准：符合条件的农村部分计划生育家庭夫妇每人每月 80 元。

支出责任：中央财政和地方财政共同承担支出责任。

牵头负责单位：国家卫生健康委。

（47）计划生育家庭特别扶助

服务对象：独生子女伤残死亡家庭夫妇和三级以上计划生育手术并发症人员。

服务内容：为符合条件的计划生育特殊家庭夫妇和三级以上计划生育手术并发症人员提供特别扶助金。

服务标准：独生子女死亡家庭夫妇每人每月发放 590 元；独生子女伤残家庭夫妻每人每月发放 460 元；一级、二级、三级计划生育手术并发症人员每人每月分别发放 520 元、390 元、260 元。

支出责任：中央财政和地方财政共同承担支出责任。

牵头负责单位：国家卫生健康委。

五、老有所养

13. 养老助老服务

（48）老年人健康管理

服务对象：65 岁及以上老年人。

服务内容：每年为辖区内 65 岁及以上常住居民提供 1 次生活方式和健康状况评估、体格检查、辅助检查和健康指导等服务；每人每年提供 1 次中医体质辨识和中医药保健指导。

服务标准：按照国家《基本公共卫生服务规范（第三版）》执行。

支出责任：中央财政和地方财政共同承担支出责任。

牵头负责单位：国家卫生健康委、国家中医药局。

（49）老年人福利补贴

服务对象：符合条件的老年人。

服务内容：为 65 岁及以上的老年人提供能力综合评估，做好老年人能力综合评估与健康状况评估的衔接。为经济困难的老年人提供养老服务补贴。为经认定生活不能自理的经济困难老年人提供护理补贴。为 80 岁以上老年人发放高龄津贴。

服务标准：具体认定评估办法及补贴标准由各地人民政府明确。

支出责任：地方人民政府负责。

牵头负责单位：民政部。

14. 养老保险服务

（50）职工基本养老保险

服务对象：符合条件的参保退休人员。服务内容：按时足额发放基本养老金。

服务标准：按照《国务院关于完善企业职工基本养老保险制度的决定》《国务院关于机关事业单位工作人员养老保险制度改革的决定》及国家有关规定执行。

支出责任：在基本养老保险基金中支出，基本养老保险基金出现支付不足时，政府给予补贴。

牵头负责单位：人力资源社会保障部。

（51）城乡居民基本养老保险

服务对象：符合条件的参保城乡居民。

服务内容：为符合条件的参保对象提供参保经办服务，给予缴费补贴，发放基础养老金和个人账户养老金。

服务标准：按照《国务院关于建立统一的城乡居民基本养老保险制度的意见》《人力资源社会保障部 财政部关于建立城乡居民基本养老保险待遇确定和基础养老金正常调整机制的指导意见》执行。

支出责任：城乡居民基本养老保险基金主要由个人缴费、集体补助、政府补贴构成。政府对符合条件的参保人员全额支付基础养老金，其中，中央财政对中西部地区按国家确定的基础养老金最低标准给予全额补助，对东部地区给予50%补助。地方人民政府应当对参保人缴费给予补贴，并根据当地实际提高基础养老金标准，对长期缴费的，适当加发年限基础养老金。个人账户养老金由个人账户基金支出，基金出现支付不足时，政府给予补贴。

牵头负责单位：人力资源社会保障部、税务总局。

六、住有所居

15. 公租房服务

（52）公租房保障

服务对象：符合当地规定条件的城镇住房、收入困难家庭。服务内容：提供租赁补贴或实物保障。

服务标准：具体标准由市、县级人民政府确定。

支出责任：市、县级人民政府负责，引导社会资金投入，省级人民政府给予资金支持，中央财政给予资金补助。

牵头负责单位：住房城乡建设部。

16. 住房改造服务

（53）城镇棚户区住房改造

服务对象：棚户区居民。

服务内容：提供实物安置或货币补偿。

服务标准：具体标准由市、县级人民政府确定。

支出责任：市、县级人民政府负责，引导社会资金投入，省级人民政府给予资金支持，中央给予资金补助。

牵头负责单位：住房城乡建设部。

（54）农村危房改造

服务对象：居住在危房中的农村易返贫致贫户、农村低保户、农村分散供养特困人员、因病因灾因意外事故等刚性支出较大或收入大幅缩减导致基本生活出现严重困难家庭，农村低保边缘家庭和未享受过农村住房保障政策支持且依靠自身力量无法解决住房安全问题的其他脱贫户。

服务内容：提供危房改造补助，帮助居住在危房中的农村低收入群体解决住房安全问题。

服务标准：由地方结合实际制定标准。

支出责任：地方人民政府负责，地方财政补助和个人自筹相结合，中央财政安排补助资金给予支持。

牵头负责单位：住房城乡建设部。

七、弱有所扶

17. 社会救助服务

（55）最低生活保障

服务对象：共同生活的家庭成员人均收入低于当地最低生活保障标准，且符合当地最低生活保障家庭财产状况规定的家庭。

服务内容：为低保对象发放最低生活保障金。对获得最低生活保障金后生活仍有困难的老年人、未成年人、重度残疾人和重病患者，采取必要措施给予生活保障。

服务标准：按照《社会救助暂行办法》相关规定执行。最低生活保障标准，由省、自治区、直辖市或者设区的市级人民政府按照当地居民生活必需的费用确定、公布，并根据当地经济社会发展水平和物价变动情况适时调整。

支出责任：地方人民政府负责，中央财政适当补助。

牵头负责单位：民政部。

（56）特困人员救助供养

服务对象：无劳动能力、无生活来源且无法定赡养、抚养、扶养义务人，或者其法定义务人无赡养、抚养、扶养能力的老年人、残疾人以及未成年人。

服务内容：提供基本生活条件；对生活不能自理的给予照料；提供疾病治疗；以减免费用或补贴方式提供遗体接运、暂存、火化、骨灰寄存等基本殡葬服务。

服务标准：按照《社会救助暂行办法》相关规定执行。特困供养标准由省、自治区、直辖市或者设区的市级人民政府确定、公布。

支出责任：地方人民政府负责，中央财政适当补助。

牵头负责单位：民政部。

（57）医疗救助

城乡医疗救助

服务对象：最低生活保障家庭成员、特困人员、低保边缘家庭成员和纳入监测范围的农村易返贫致贫人口，因高额医疗费用支出导致家庭基本生活出现严重困难的大病患者以及县级以上地方人民政府规定的符合医疗救助条件的其他特殊困难人员。

服务内容：按规定对符合条件的救助对象参加城乡居民医保个人缴费给予分类资助。对救助对象在定点医药机构发生的住院费用、因慢性病需长期服药或患重特大疾病需长期门诊治疗的费用给予住院和门诊救助。

服务标准：具体标准由各地依据《国务院办公厅关于健全重特大疾病医疗保险和救助制度的意见》等有关规定，根据本地区经济社会发展水平、救助对象健康需求以及家庭困难情况、医疗救助基金支撑能力等因素合理设定。

支出责任：各项救助所需资金由城乡医疗救助基金支出。各级财政安排资金对城乡医疗救助基金予以补助，并通过慈善和社会捐助等多渠道筹集资金。中央财政和地方财政共同承担支出责任。

牵头部门：国家医保局。

疾病应急救助

服务对象：在中国境内发生急重危伤病、需要急救但身份不明确或无力支付相应费用的患者。具体人员范围按照《国务院办公厅关于建立疾病应急救助制度的指导意见》等有关规定确定。

服务内容：给予紧急救治服务。

服务标准：按照医疗服务机构诊疗规范执行。

支出责任：医疗机构对其紧急救治所发生的费用，可向疾病应急救助基金申请补助。地方人民政府分级设立疾病应急救助基金，通过财政投入和社会各界捐助等多渠道筹集资金。各级财政安排资金对疾病应急救助基金予以补助，由中央财政与地方财政共同承担支出责任。

牵头负责单位：国家卫生健康委。

（58）临时救助

服务对象：因火灾、交通事故等意外事件，或家庭成员突发重大疾病等原因，导致基本生活暂时出现严重困难的家庭；因生活必需支出突然增加超出家庭承受能力，导致基本生活暂时出现严重困难的最低生活保障家庭；遭遇其他特殊困难的家庭。因遭遇火灾、交通事故、突发重大疾病或其他特殊困难，暂时无法得到家庭支持，导致基本生活陷入困境的个人。

服务内容：为救助对象发放临时救助金；对有需要的救助对象发放衣物、食品、饮用水，提供临时住所；对给予临时救助金、实物救助后，仍不能解决临时救助对象困难的，可分情况提供转介服务。

服务标准：按照《社会救助暂行办法》相关规定执行。临时救助的具体事项、标准，由县级以上地方人民政府确定、公布。

支出责任：地方人民政府负责，中央财政适当补助。

牵头负责单位：民政部。

（59）受灾人员救助

服务对象：基本生活受到自然灾害严重影响的人员。

服务内容：及时为本辖区内受灾人员提供必要的食品、饮用水、衣被、取暖、临时住所、医疗防疫等应急救助；对因灾房屋倒塌或严重损坏需恢复重建的无房可住人员，因次生灾害威胁在外安置无法返家人员，因灾损失严重、缺少生活来源的受灾人员进行过渡期生活救助；及时核定本辖区内居民住房恢复重建补助对象，并给予资金、物资等救助；为自然灾害发生后的当年冬季、次年春季遇到基本生活困难的受灾人员提供基本生活救助。

服务标准：按照《自然灾害救助条例》等相关规定执行。

支出责任：国家启动应急响应的特别重大自然灾害救灾，由中央财政和地方财政共同承担支出责任，中央财政按标准安排资金。其他自然灾害救灾，由地方财政承担支出责任。

牵头负责单位：应急管理部。

18. 公共法律服务

（60）法律援助

服务对象：经济困难公民和符合法定条件的其他当事人。

服务内容：法律咨询；代拟法律文书；刑事辩护与代理；民事案件、

行政案件、国家赔偿案件的诉讼代理及非诉讼代理；值班律师法律帮助；劳动争议调解与仲裁代理；法律、法规、规章规定的其他形式。

服务标准：按照《中华人民共和国法律援助法》《全国民事行政法律援助服务规范》《全国刑事法律援助服务规范》等相关规定执行。

支出责任：由地方人民政府负责支付法律援助补贴等法律援助经费，中央财政给予适当补助。

牵头负责单位：司法部。

19. 扶残助残服务

（61）困难残疾人生活补贴和重度残疾人护理补贴

服务对象：最低生活保障家庭中的残疾人，有条件的地方可扩大到低收入残疾人及其他困难残疾人；残疾等级被评定为一级、二级且需要长期照护的重度残疾人，有条件的地方可扩大到非重度智力、精神残疾人或其他残疾人。

服务内容：为最低生活保障家庭中的残疾人提供生活补贴。为残疾等级被评定为一级、二级且需要长期照护的重度残疾人提供护理补贴。

服务标准：按照《国务院关于全面建立困难残疾人生活补贴和重度残疾人护理补贴制度的意见》《民政部 财政部 中国残联关于建立困难残疾人生活补贴和重度残疾人护理补贴标准动态调整机制的指导意见》执行。两项补贴标准由省级人民政府根据经济社会发展水平和残疾人生活保障需求、长期照护需求统筹确定，并适时调整。有条件的地方可以按照残疾人的不同困难程度制定分档补贴标准。

支出责任：地方人民政府负责，中央财政适当补助。

牵头负责单位：民政部、中国残联。

（62）无业重度残疾人最低生活保障

服务对象：生活困难、靠家庭供养且无法单独立户的成年无业重度残疾人。

服务内容：符合条件的对象，经个人申请，可按照单人户纳入最低生活保障范围。

服务标准：最低生活保障标准，由省、自治区、直辖市或者设区的市级人民政府按照当地居民生活必需的费用确定、公布，并根据当地经济社会发展水平和物价变动情况适时调整。

支出责任：地方人民政府负责，中央财政适当补助。

牵头负责单位：民政部、中国残联。

（63）残疾人托养服务

服务对象：就业年龄段智力、精神及重度肢体残疾人。

服务内容：为符合条件的残疾人提供护理照料、生活自理能力和社会适应能力训练、职业康复、劳动技能培训、辅助性就业等服务。

服务标准：按照《就业年龄段智力、精神及重度肢体残疾人托养服务规范》执行。

支出责任：地方人民政府负责，中央财政适当补助。

牵头负责单位：中国残联、民政部。

（64）残疾人康复服务

服务对象：符合条件、有康复需求的持证残疾人；符合条件的0~6岁视力、听力、言语、肢体、智力等残疾儿童和孤独症儿童。

服务内容：提供康复医疗、康复训练、辅具适配、康复护理、专业心理服务、康复知识培训和专业指导等基本康复服务。为符合条件的残疾儿童提供以减轻功能障碍、改善功能状况、增强生活自理和社会参与能力为主要目的的手术、辅具适配和康复训练等服务。

服务标准：按照《残疾人基本康复服务目录（2019年版）》及中国残联相关服务规范执行。

支出责任：地方人民政府负责，中央财政适当补助。

牵头负责单位：中国残联、国家卫生健康委、民政部。

（65）残疾儿童及青少年教育

服务对象：残疾儿童、青少年。

服务内容：为家庭经济困难的残疾学生提供包括义务教育、高中阶段教育在内的12年免费教育；对残疾儿童普惠性学前教育予以资助；对残疾学生特殊学习用品、教育训练、交通费等予以补助。

服务标准：具体资助、补助标准由各地人民政府明确。

支出责任：地方人民政府负责，中央财政适当补助。

牵头负责单位：教育部、中国残联。

（66）残疾人职业培训和就业服务

服务对象：有就业创业培训需求的残疾人。

服务内容：为未就业残疾人提供就业技能培训，为在岗残疾人提供岗位技能提升培训或高技能人才培训，为有创业意愿并具备一定创业条件的残疾人提供创业培训，为高校残疾毕业生、残疾人高技能人才、贫困残疾人、残疾人创业带头人、残疾人非遗传承人等重点群体提供有针对性的培训服务。

服务标准：按照国家级残疾人职业技能培训基地服务规范、残疾人就业培训和岗位提供服务标准及地方人民政府有关规定执行。

支出责任：地方人民政府负责，中央财政适当补助。

牵头负责单位：中国残联、人力资源社会保障部。

（67）残疾人文化体育服务

服务对象：残疾人。

服务内容：在电视台提供有字幕或手语的节目，在公共图书馆提供盲文和有声读物等阅读服务；为基层残疾人体育活动场所和残疾人综合服务设施配置适宜的器材器械，完善公共文化体育设施无障碍条件。

服务标准：省市级电视台按照《国家通用手语常用词表》开设手语节目或加配字幕；各级公共图书馆建立盲人阅览区域，公共图书馆与残疾人体育活动场所按照《公共图书馆建设标准》《无障碍设计规范》《建筑与市政工程无障碍通用规范》等执行。

支出责任：地方人民政府负责，中央财政适当补助。

牵头负责单位：中国残联、文化和旅游部、广电总局、中央宣传部、体育总局。

（68）残疾人和老年人家庭无障碍环境建设

服务对象：困难重度残疾人，纳入分散供养特困人员的高龄、失能、残疾老年人。

服务内容：分年度逐步为困难重度残疾人，纳入分散供养特困人员的高龄、失能、残疾老年人家庭提供无障碍改造服务。

服务标准：按照《无障碍设计规范》《建筑与市政工程无障碍通用规范》及相关技术方案执行。

支出责任：地方人民政府负责，中央财政适当补助。

牵头负责单位：民政部、住房城乡建设部、中国残联。

八、优军服务保障

20. 优军优抚服务

（69）优待抚恤

服务对象：现役军人、服现役或者退出现役的残疾军人以及复员军人、退伍军人、离退休军人、烈士遗属、因公牺牲军人遗属、病故军人遗属、现役军人家属。

服务内容：为符合条件人员发放抚恤金、优待金、生活补助或者给予其他优待。

服务标准：按照《军人抚恤优待条例》及国家有关规定执行。

支出责任：中央财政和地方财政共同承担支出责任。

牵头负责单位：退役军人事务部。

（70）退役军人安置

服务对象：退役军人。

服务内容：自主择业、自主就业、自谋职业、复员、逐月领取退役金的，按规定享受扶持就业优惠政策；其他分别采取转业、安排工作、退休、供养等方式予以安置。

服务标准：按照《退役军人保障法》《军队转业干部安置暂行办法》《退役士兵安置条例》《退役军人逐月领取退役金安置办法》及国家有关规定执行。

支出责任：中央财政和地方财政共同承担支出责任。

牵头负责单位：退役军人事务部。

（71）退役军人就业创业服务

服务对象：退役军人。

服务内容：对有就业需求的退役军人，提供专场招聘服务，组织适应性培训、职业技能培训等，组织其中有创业意愿的，开展创业培训。

服务标准：县级以上地方人民政府每年至少组织 2 次退役军人专场招聘活动。适应性培训、职业技能培训、创业培训等按照《退役军人保障法》《退役士兵安置条例》及国家有关规定执行。

支出责任：中央财政和地方财政共同承担支出责任。

牵头负责单位：退役军人事务部、人力资源社会保障部。

（72）特殊群体集中供养

服务对象：老年、残疾或者未满 16 周岁的烈士遗属、因公牺牲军人遗属、病故军人遗属和进入老年的残疾军人、复员军人、退伍军人，无法定赡养人、扶养人、抚养人或者法定赡养人、扶养人、抚养人无赡养、扶养、抚养能力且享受国家定期抚恤补助待遇的，退出现役的一级至四级残疾军人需要长年医疗或者独身一人不便分散安置的。

服务内容：提供集中供养、医疗等保障。

服务标准：按照《军人抚恤优待条例》《光荣院管理办法》《优抚医院管理办法》等有关规定执行。

支出责任：中央财政和地方财政共同承担支出责任。

牵头负责单位：退役军人事务部。

九、文体服务保障

21. 公共文化服务

（73）公共文化设施免费开放

服务对象：城乡居民。

服务内容：公共图书馆、文化馆（站）、公共博物馆（非文物建筑及遗址类）、公共美术馆等公共文化设施免费开放，基本服务项目健全。

服务标准：公共文化设施的开放时间，不得少于所在的省、自治区、直辖市规定的最低时限。国家法定节假日和学校寒暑假期间，应当适当延长开放时间。公共文化设施应按规定组织开展公共文化活动。

支出责任：中央财政和地方财政共同承担支出责任。

牵头负责单位：文化和旅游部、国家文物局。

（74）送戏曲下乡

服务对象：农村居民。

服务内容：为农村乡镇每年送戏曲等文艺演出。

服务标准：按照《关于戏曲进乡村的实施方案》规定执行。

支出责任：中央财政和地方财政共同承担支出责任。

牵头负责单位：文化和旅游部、教育部、中央宣传部。

（75）收听广播

服务对象：城乡居民。

服务内容：提供广播节目和突发事件应急广播服务。

服务标准：提供不少于15套广播节目；在直播卫星公共服务覆盖地区，提供不少于17套广播节目。

支出责任：中央财政和地方财政共同承担支出责任。

牵头负责单位：广电总局、中央宣传部。

（76）观看电视

服务对象：城乡居民。

服务内容：提供电视节目服务。

服务标准：提供不少于 15 套电视节目；在直播卫星公共服务覆盖地区，提供不少于 25 套电视节目。

支出责任：中央财政和地方财政共同承担支出责任。

牵头负责单位：广电总局、中央宣传部。

（77）观赏电影

服务对象：中小学生、农村居民。

服务内容：为中小学生观看优秀影片提供保障服务。为农村群众提供数字电影放映服务。

服务标准：保障每名中小学生每学期至少观看 2 次优秀影片。每年国产新片（院线上映不超过 2 年）比例不少于 1/3。

支出责任：中央财政和地方财政共同承担支出责任。

牵头负责单位：教育部、中央宣传部。

（78）读书看报

服务对象：城乡居民。

服务内容：公共图书馆（室）、文化馆（站）、行政村（社区）综合性文化服务中心、农家书屋等配备图书、报刊和电子书刊，并免费提供借阅服务；在城镇主要街道、公共场所、居民小区等人流密集地点设置公共阅报栏（屏），提供时政、"三农"、科普、文化、生活等方面的信息服务。

服务标准：按照文化和旅游部、中央宣传部等有关部门相关规定执行。

支出责任：中央财政和地方财政共同承担支出责任。

牵头负责单位：文化和旅游部、中央宣传部。

（79）少数民族文化服务

服务对象：主要少数民族地区居民。

服务内容：通过有线、无线、卫星等方式提供民族语言广播电视节目；提供民族语言文字出版的、价格适宜的常用书报刊、电子音像制品和数字出版产品；以铸牢中华民族共同体意识为主线，以民族团结进步为主题，提供优秀文艺作品，开展群众性文化活动，推动各民族文化交往交流交融。

服务标准：按照广电总局、文化和旅游部、中央宣传部等有关部门相关规定执行。

支出责任：中央财政和地方财政共同承担支出责任。

牵头负责单位：广电总局、文化和旅游部、中央宣传部。

22. 公共体育服务

（80）公共体育设施开放

服务对象：城乡居民。

服务内容：有条件的公共体育设施免费或低收费开放。

服务标准：按照《公共文化体育设施条例》《全民健身基本公共服务标准》《体育场馆运营管理办法》《公共体育场馆基本公共服务规范》等有关规定执行。

支出责任：中央财政和地方财政共同承担支出责任。

牵头负责单位：体育总局。

（81）全民健身服务

服务对象：城乡居民。

服务内容：提供科学健身指导、群众健身活动和比赛、科学健身知识等服务，免费提供公园、绿地等公共场所全民健身器材。

服务标准：按照《全民健身条例》《全民健身基本公共服务标准》等有关规定执行。

支出责任：中央财政和地方财政共同承担支出责任。

牵头负责单位：体育总局。